美濃加茂市長事件
における驚愕の展開

青年市長は“司法の闇”と闘った

郷原信郎

角川書店

青年市長は〝司法の闇〟と闘った

美濃加茂市長事件における驚愕の展開

２０１４年６月24日、当時、全国最年少だった藤井浩人《ふじいひろと》岐阜県美濃加茂《みのかも》市長は、市議会議員時代に、業者から合計30万円の賄賂《わいろ》を受け取った容疑で逮捕され、現金授受の事実は一切ないと無実を訴えたが起訴された。被告人席に立たされた市長は、市民のために、災害対策のために、市での浄水プラントの設置をめざし議員として活動したもので、賄賂など一切受け取っていないと訴え無罪を主張。多くの証人の証言を直接聞き、被告人席の市長の生の声を聞き、訴えを受け止めた一審裁判所は、無罪判決を言い渡した。

　検察が控訴し、再び被告人席に立たされた市長は、公判期日にはすべて出廷。しかし、控訴審裁判所は、被告人に質問することもなく、言葉を発する機会も全く与えないまま、贈賄供述者の取調べ警察官の証言を聞いただけで逆転有罪判決を言い渡した。

　逮捕、起訴、一審無罪判決、控訴審有罪判決という経過を通して、藤井市長の潔白を信じ、支援し、被告人席の市長に市政を委《ゆだ》ね続けてきたのが、人口約５万６０００人の美濃加茂市の市民だった。控訴審有罪判決を受けて辞職し、出直し市長選で市民の圧倒的支持が些《いささ》かも揺らいでいないことが確かめられ、藤井市長は、逮捕から３年半を経過した今も、市政を担い続けている。

　冤罪《えんざい》を訴え闘い続けた藤井市長と、市長を支え続けた美濃加茂市民は、今、最高裁の最終の司法判断を待つ。

目次

藤井 浩人(ふじい ひろと) 1984年7月25日生まれ、岐阜県出身。岐阜県立加茂高校卒業。名古屋工業大学工学部を経て同大大学院工学研究科に進む。2009年、大学院を中退し、学習塾の塾長になる。10年、美濃加茂市議会議員選挙に立候補し、トップ当選。13年、美濃加茂市長選挙に無所属で立候補し、当選。当時28歳の全国最年少で市長に就任した。

時系列表①

2010年10月3日	藤井浩人氏、美濃加茂市議会議員選挙に当選
2013年3月7日	T氏、木曽路錦店で藤井氏に中森を紹介する
4月2日	藤井氏・中森・T氏　ガスト美濃加茂店で会食
4月25日	藤井氏・中森・T氏　山家住吉店で会食
6月2日	藤井氏、美濃加茂市長選挙に当選
8月12日	美濃加茂市内の中学校のプールに実証実験用の浄水プラントが設置
2014年2月6日	中森、1000万円の融資詐欺容疑（有印公文書偽造・同行使および詐欺）で逮捕
3月5日	中森、1100万円の融資詐欺容疑で再逮捕
3月16日	中森、藤井氏に4月25日に20万円の賄賂を渡したと供述、上申書作成
3月27日	中森、藤井氏に4月上旬に10万円の賄賂を渡したと供述、計30万円の贈賄事実を認める検察官調書作成
6月24日	中森、30万円の贈賄容疑で再逮捕　藤井市長、30万円の収賄容疑で逮捕
6月25日	郷原弁護士、藤井市長と初接見
6月26日	検察官が勾留請求、裁判所が勾留決定
6月27日	勾留決定に対する準抗告　同抗告棄却
7月3日	勾留取消請求
7月4日	勾留理由開示公判　勾留取消請求却下決定、同決定に対する準抗告　勾留期間延長決定
7月5日	勾留期間延長決定に対する準抗告　勾留取消請求却下決定に対する準抗告棄却
7月8日	勾留取消請求却下決定に対する特別抗告、1万5038名の市民署名添付→11日棄却
7月15日	藤井市長、収賄容疑で起訴（事前収賄、受託収賄、あっせん利得処罰法違反）　第1次保釈請求→16日却下
7月25日	藤井市長、30歳の誕生日を迎える
7月29日	第2次保釈請求、2万1154名の市民署名を添付
8月1日	第2次保釈請求却下決定　同決定に対する準抗告→2日棄却
8月12日	一審第1回公判前整理手続
8月13日	第3次保釈請求→15日却下
8月19日	美濃加茂市議会、藤井市長の問責決議案可決　一審第2回公判前整理手続
8月21日	第4次保釈請求
8月21日	第4次保釈請求却下　同却下決定に対する準抗告
8月23日	第4次保釈請求却下決定に対する準抗告認容　保釈許可決定
8月25日	保釈
8月28日	一審第3回公判前整理手続
9月3日	弁護人、中森の4000万円の融資詐欺を告発（第一次告発）
9月4日	一審第4回公判前整理手続
9月8日	中森第1回公判

時系列表②

2014年9月17日	一審第1回公判　冒頭陳述
9月22日	藤井市長のもとに「O氏からの手紙」が届く
9月28日	美濃加茂市議会議員選挙
9月30日	O氏から「中森のO氏宛て手紙」を入手
10月1日	一審第2回公判　中森証人尋問（検察官主尋問）
10月2日	一審第3回公判　中森証人尋問（弁護人反対尋問）
10月8日	一審第4回公判　T氏他1名証人尋問
10月16日	一審第5回公判　A、B証人尋問
10月20日	第一次告発（4000万円の融資詐欺）に対する中森の起訴処分決定
10月24日	一審第6回公判　藤井市長被告人質問　中森の5700万円の融資詐欺を告発（第二次告発）
11月7日	中森第2回公判　結審
11月19日	一審第7回公判　中森・O氏証人尋問
12月10日	第二次告発に対する中森の不起訴処分決定
12月19日	一審第8回公判　検察官論告　中森の2億6050万円の融資詐欺を告発（第三次告発）
12月24日	一審第9回公判　弁護人弁論　結審
2015年1月15日	第三次告発に対する中森の不起訴処分決定
1月16日	中森第3回公判　判決言渡し　有印公文書偽造・同行使、詐欺、および贈賄の罪で懲役4年の実刑判決
3月5日	一審第10回公判　藤井市長に無罪判決言渡し
3月18日	一審判決に対し、検察官が控訴
8月25日	控訴審第1回公判
11月26日	控訴審第2回公判　中森取調べ警察官証人尋問
12月11日	控訴審三者打合せ　村山裁判長、中森の職権再尋問の意向示す
2016年2月23日	控訴審三者打合せ　中森の職権再尋問の実施が決定
4月22日	弁護人、中森の弁護士が中森に資料を差入れたという連絡を受ける
5月23日	控訴審第3回公判　中森職権再証人尋問
7月27日	控訴審第4回公判　検察官・弁護人弁論　結審
11月28日	控訴審第5回公判　逆転有罪判決言渡し　懲役1年6ヶ月、執行猶予3年　藤井市長、即日上告
11月30日	藤井市長、森市議会議長とともに名古屋高裁に出向き、判決要旨の交付を要請するも、断られる
12月7日	藤井市長、市長を辞職し、「出直し選」に立候補する意向表明
2017年1月29日	美濃加茂市長選挙　藤井市長、1万9088票獲得し、対立候補に大差で再選
5月14日	美濃加茂市長選挙告示　藤井市長、無投票で三選
5月16日	上告趣意書提出

序章 〝奇跡〟はなぜ起きたのか

2014年6月24日午後7時半ころ、私の携帯電話が鳴った。新日本有限責任監査法人の公認会計士大久保《おおくぼ》和孝《かずたか》氏（現在は同法人経営専務理事）からだった。松江《まつえ》市に出張し、仕事を終えて東京への最終便に乗るために向かっていた米子《よなご》空港の近くだった。

大久保氏は、私の専門であるコンプライアンスに関して、様々な活動を共にしてきた長年の知人である。

「郷原《ごうはら》先生、先程からニュースでもがんがんやっていますが、全国最年少市長の美濃加茂市長が収賄で逮捕されました。若手政治家・首長の会に参加していて良く知っています。賄賂《わいろ》は一切受け取っていないと否認しているようです。彼は賄賂を受け取るような人間ではありません。弁護人についてもらうことはできないでしょうか」

ネットのニュースを見ると、その前年の6月に28歳で初当選した全国最年少市長の藤井浩人美濃加茂市長が、愛知県警に逮捕されたと報じられている。

私の法律事務所は東京で、弁護士としての業務も東京が中心だ。名古屋《なごや》で逮捕された被疑者の弁護を行うのは容易ではない。しかし、スケジュールを確認したところ、翌日の午後は、名古屋の顧問先企業への出張の予定が入っていた。名古屋での仕事が終わった後に、逮捕中の美濃加茂市長と接見することは可能だった。

翌25日夕刻、私は、藤井市長が取調べを受けていた名古屋地方検察庁に赴き、最初の接見を行った。そして、第1章で詳述するように、藤井市長の無実・潔白を確信し、弁護人を受任した。それが、藤井市長の弁護活動の始まりだった。

今なお市長職にあるという「奇跡」

警察が現職市長を逮捕した以上、不起訴となることは、まず、あり得ない。もしそのようなことになったら、警察の組織は重大な責任に問われることになる。愛知県警は、名古屋地検と十分に事前協議をして、起訴の確約をとった上で逮捕したはずだ。

そして、検察にとって、現職市長を起訴した事件が無罪という結果に終わった場合には、大失態となる。検察は、総力を挙げて有罪立証をするだろうし、有罪率99・9%という現実が示すように、一般的に著しく検察寄りの日本の裁判所が、そのような重大な事件で、検察の主張を退けて無罪判決を出す可能性は極めて低い。

しかも、日本の刑事司法には「人質司法」の悪弊がある。意に反してでも犯罪事実を認めれば、早期に保釈が許可され、身柄拘束が解かれるが、犯罪事実を否認し無実を訴えている限り、「罪証隠滅（証拠を隠したり、廃棄したり、関係者と口裏合せをしたりすること）のおそれ」があるとして保釈は認められない。検察官は徹底的に保釈に反対し、裁判官も、あえてその意見に反して保釈を認めようとはしない。特に、市長をめぐる贈収賄事件等の場合、検察官は、市の職員等の関係者に対する「働きかけ」「口裏合せ」が行われる可能性を指摘して、徹底して保釈に反対する。それを否定することは、一般的には極めて困難だ。

　現職市長が長期間身柄拘束され続ければ、市政の停滞を招くことになり、市民や市議会から辞職を求める声が高まる。「無実を訴え裁判で無罪を主張するのであれば、市長を辞職してからにすべきだ」という意見に逆らって辞職を拒否すれば、市議会で辞職勧告決議、不信任決議が可決されて辞職に追い込まれることになる。不信任決議が可決されても、獄中から無実を訴えて、市議会の解散で対抗することはできる。実際にそれを行った市長も過去にいたが、市議選後に再び不信任決議が可決されて失職という結末に終わっている。

　市長職、市長としての政治生命を維持したままで無罪判決を勝ち取ることは絶望的というのが、これまでの常識だった。

　しかし、この事件では、そのような「常識」が次々と覆されていった。

　藤井市長は、２０１４年7月15日、受託収賄等の事実で起訴され、公判前整理手続（公判が始まる前に証拠や争点の整理をする手続）でも全面無罪の主張を続けていたが、8月25日に第4次保釈請求が認められて釈放された。起訴後40日という異例の早さで、検察から藤井市長の身柄は奪還され、美濃加茂市民の下に戻った。そして、翌２０１５年3月、名古屋地裁で一審無罪判決。検察官が控訴し、翌２０１６年11月28日に、名古屋高裁でまさかの「逆転有罪判決」が言い渡されたが、藤井市長は、「市民の信任を問いたい」として一旦《いったん》市長を辞職した上、出直し市長選挙に立候補した。２０１７年1月に行われた市長選挙では、80％を超える得票率で対立候補に圧勝。同年5月に残任期満了で再度の市長選挙が告示されるも、対立候補が現れず、無投票当選。市民の厚い信任と期待を確認した藤井市長は、逮捕から3年半を経過した今も、美濃加茂市政を担っている。

一方、弁護人はもちろん、マスコミの多くも予想していなかった名古屋高裁の「逆転有罪判決」に対しては、新たなメンバーも加えた〝最強の弁護団〟を編成。2017年5月に、控訴審判決の不当性と一審無罪判決の正当性を論証し尽くした上告趣意書を最高裁判所に提出し、「再逆転無罪判決」を確信して上告審の判断を待っている。

このような藤井市長の事件をめぐる展開は、現時点においても、刑事司法の世界の常識からは凡《およ》そ考え難いもので、まさに「奇跡」と言ってよいだろう。

その「奇跡」は、なぜ起きたのか。

藤井市長の〝清廉潔白なイメージ〟

まず、藤井市長の、容姿・表情・態度等の外見や、誰からも好まれる誠実な人柄が、マスコミの「有罪視報道」にもかかわらず、社会的評価が損なわれることもなく、一貫して美濃加茂市民の信任を維持することができた要因であったことは間違いない。

本書の冒頭の写真を見て頂ければわかるように、藤井市長は、実に爽《さわ》やかで清潔な風貌《ふうぼう》の好青年だ。彼の真面目で誠実な人柄と市政に対する積極的姿勢、行動力に対し、美濃加茂市民からの人気は絶大だった。彼の風貌や表情・姿勢は、私が最初の接見で彼の潔白を確信した理由の一つでもある。実際には現金を受け取っているのに、「受け取っていない」と言って弁護人を騙《だま》す人間のようには思えなかった。「業者から賄賂をもらう腹黒い収賄市長」のイメージとは程遠いのである。

美濃加茂市職員の結束、支援者等による救援活動

海老《えび》和允《かずよし》副市長（当時、２０１７年10月に退任）以下の美濃加茂市職員は、結束して、市長逮捕という「美濃加茂市政の危機」に立ち向かい、若き市長を守り続けた。そして、支援者や、後援会関係者は、市長が逮捕・勾留《こうりゅう》されても、起訴されても、控訴審で有罪判決が出されても、潔白を信じ、藤井市政の継続を支えてきた。

現職市長を逮捕した警察は、市役所を捜索し、市職員を連日取調べ、被疑者の市長に不利な内容の供述調書を取ろうとする。警察の恫喝《どうかつ》的な誘導に屈して、意に反する供述調書に署名してしまうと、その調書が、検察官の立証で証拠請求される。弁護人としては、公判で、そういった供述調書の証拠採用に「不同意」とせざるを得ない。そうなると、証人となる予定のそれらの職員に対して公判で有利な供述をするように働きかけて「罪証隠滅」を行うおそれがあるとの理由で、証人尋問が終わるまで市長の保釈が認められないことになる。

ところが、市長逮捕後、多数の美濃加茂市職員が警察の取調べを受けたが、事実に反して警察の意向に沿う供述をした職員はほとんどなく、起訴後、開示された市職員の調書には、弁護人が「不同意」にせざるを得ない内容のものはなかった。公判前整理手続で、美濃加茂市職員の供述調書にすべて同意できたことが、藤井市長の早期保釈につながった。しかも、海老副市長等の市の幹部職員は、弁護活動にも積極的に協力してくれた。第３章でも詳述するように、

それを知った愛知県警捜査第二課の幹部が、海老副市長に恫喝の電話をかけたが、弁護活動の妨害だとして愛知県警本部に厳重に抗議した。

市長の支援者、後援会関係者が、市長の早期釈放を求める救援活動を継続して行ったことも、市長の身柄奪還の大きな原動力になった。その迅速かつ積極的な活動の結果、市長の潔白を信じ、釈放を求める美濃加茂市民の署名は、勾留取消請求却下決定に対して最高裁に特別抗告を行った7月8日の段階で1万5038人、起訴後、最初の保釈請求の段階で2万1154人にも上った。市長の勾留満期の前日には、後援会が主催する「郷原信郎《のぶお》弁護士とともに藤井市長事件を考える会」が、美濃加茂市文化会館で開かれ、1000人を超える市民が集まった。「証拠もなく現職市長を逮捕し、起訴しようとしている異常な事件、検察の起訴に屈してはならない」という私の訴えに、多くの市民が真剣に聞き入った。60日余りの勾留の後、保釈されて美濃加茂に帰った市長を皆が温かく迎えた。そして、一審無罪判決で市民達は歓喜に沸いた。

その後、控訴審で、予想もしていなかった「逆転有罪判決」が出たが、その直後から傍聴に来ていた渡辺健太《わたなべけんた》氏を始めとする支援者は、藤井市長が市長職を継続するための動きを始めていた。「控訴審で有罪判決」という絶望的な状況にもかかわらず、出直し市長選で圧勝し、任期満了による市長選で無投票当選を果たし、市長職にとどまることができたのも、藤井市長を支える支援者のコアメンバー、市役所職員の固い結束があったからだ。

「現金授受があったとされる場」の同席者の証言

しかし、イメージや人柄だけで、収賄の疑いを晴らすことはできない。本人の弁解だけでは、世の中に対して説得力がない。捜査機関側は捜査で得た多くの証拠を保有しているのに対し、弁護人側の手元にはほとんど資料も証拠もない。本人が否認しているというだけでは、警察・検察側からのリークに基づいたマスコミの「有罪視報道」への反論の根拠にはならない。

通常は、逮捕から起訴までの間は、捜査機関側の情報に基づく報道で埋め尽くされ、被疑者側は一方的に不利な立場に立たされる。ところが、この事件では、弁護人側が、現金の授受があったとされた会食の場の同席者T氏に早期に接触し、その供述を弁護活動に全面的に活用することができた。

そのきっかけは、T氏の知人であるI氏から私の事務所にかかってきた電話だった。

I氏は、藤井市長が逮捕された6月24日の夜にT氏に連絡を取った際、T氏自身も、賄賂の授受の現場の同席者として、朝から晩まで一日中警察の取調べを受けていたこと、その取調べのやり方が人権を全く無視したあまりにも酷《ひど》いものであったこと、翌日も朝から警察に呼ばれていることなどを聞いた。翌日の新聞の朝刊で、事件の内容と藤井市長が現金の授受を全面的に否認して潔白を訴えていることを知り、「T氏が警察の恫喝に負けて、事実と異なる証言をしてしまったら、藤井市長は大変なことになるのではないか」と考えたI氏は、美濃加茂市役所に電話をして、弁護人の名前を聞き、私の事務所の電話番号をインターネットで調べて、連絡をしてきてくれた。

電話でI氏と話し、T氏に直接会って話を聞きたいと申し入れたところ、6月27日に、名古屋市内のホテルでT氏に会って話を聞くことができた。「現金授受があったとされた2回の会食の場にずっと同席し、席は外さなかった。現金の授受は見ていない」というT氏の供述が確認できた。現金の授受があったとされる会食の場に常に同席していたT氏が、藤井市長の任意聴取が開始されると同時に警察から連日長時間の過酷な取調べを受けながらも、一貫して「業者と藤井市長との現金の授受はなかった」と供述したことは、捜査機関に対する有力な反撃材料となった。

しかも、T氏は、ジャーナリストの江川紹子《えがわしょうこ》氏のインタビューに答えたり、同氏とともにニコニコ生放送の番組（インターネット中継）に出演したりして、現金授受があったとされる2回の会食の場に同席した状況について話してくれた。T氏の協力があったことで、「藤井市長は潔白、現金授受の収賄容疑は事実無根」という認識を世の中に広めていくことができた。

「金縛り」状態の反市長派市議

こうして、藤井市長への美濃加茂市民の圧倒的な信任・支持を維持することができ、T氏の協力で、警察捜査の問題性を世の中に訴えることも可能となった。しかし、それでも、市議会が独自に、市長への不信任決議を行うことは可能だった。そのような動きが出てくれば、収賄の容疑で逮捕された市長は苦しい立場に追い込まれていたはずだ。

当時の美濃加茂市議会では、決して、藤井市長への支持が盤石だったわけではない。その前年の市長選挙では、自民党推薦公認候補との激しい選挙戦の末、無所属で立候補し、競り勝って当選したものの、その際、自民党候補を応援した森厚夫《もりあつお》議長を中心とする反市長派議員が議会で多数を占めていた。彼らは、市長が逮捕・勾留されていることで市政に重大な影響が生じているとして、辞職に追い込もうとしているようだった。

しかし、藤井市長にとって幸運だったのは、その年の9月に、任期満了に伴う市議会議員選挙が控えていたことだった。市議会議員にとって、警察に逮捕されても市民から圧倒的に支持されている藤井市長の辞職を求める動きをすれば選挙に不利になる。反市長派の議員達も、「金縛り」状態になった。不信任決議案も、辞職勧告決議案も出せず、かろうじて問責決議案が可決されたが、その理由も「市長の長期不在を議会として放置できない」という意味不明のものだった。その決議案可決の直後、8月25日、藤井市長が保釈され、市長職に復帰したことで、問責決議は事実上無意味なものになった。

9月28日に行われた市議会議員選挙でも、藤井市長の続投の可否は争点にすらならず、反市長派の議員達は、藤井市長が一審で有罪判決を受けるのを待って、市長を辞職に追い込むことに方針を改めざるを得なかった。

獄中からの「美濃加茂市長宛ての手紙」

9月17日、名古屋地裁で藤井市長の事件の公判が始まった。検察は、現金を渡したという業者・中森良正《なかもりよしまさ》(仮名)と藤井市長の間のメールや、中森から市長に金を渡したという話を聞いた知人の証人尋問を請求するなど、贈賄供述の信用性の立証に全力を注いできた。弁護側は、同席者のT氏の、「現金のやり取りを見ていない。席も外していない」との供述を挙げた。さらに中森の贈賄自白は、4億円近くもの融資詐欺を自白していたのに、そのうち僅《わず》か2100万円しか立件・起訴されない状況で行われたものであり、「ヤミ司法取引」(捜査に協力することと引き換えに被告人の求刑の軽減を行うこと。日本では禁じられている)によって引き出された虚偽供述の可能性があるという主張も行った。10月1日、2日の両日に行われる予定の中森の証人尋問での、検察官・弁護人の激しい攻防は必至の状況だった。

しかし、中森証言の信用性に関して様々な問題を指摘することは可能だったが、それが虚偽供述だという決定的な根拠があったわけではなかった。検察官と中森が、連日、徹底した「打合せ」を行って、証言内容を完全に作り込んでいることは確実だった。

その中森証言を崩す決定的な材料を提供することになったのが、名古屋拘置所から美濃加茂市長宛てに出された「O氏の手紙」だった。O氏は、中村《なかむら》警察署の留置場で中森の隣の房に留置されていて知り合い、名古屋拘置所に移送後も中森と文通を続けていた。その手紙には、中森が、自分の事件の裁判も終わっていないのに詐欺まがいの仕事の話を持ち掛けてきていることなど、中森の詐欺師ぶりが赤裸々に書かれていた。我々弁護団が、名古屋拘置所でO氏と面会して話を聞き、中森からO氏に宛てて書かれた手紙を入手したことが、第7章で詳述するように、詐欺師・中森の「化けの皮」を剝《は》ぐことにつながった。

我々がO氏と接触して得られたのは、中森からの手紙だけにとどまらなかった。

その後、弁護団が面会を繰り返し、O氏から、中森の留置場での言動について様々な供述が得られ、それを陳述書として証拠請求した。裁判所は、O氏の供述を中森証言の信用性の重要な判断材料と評価することにつながり、中森との「対質尋問」という形で、O氏が証人尋問されることになった。O氏の証言は、藤井市長の刑事裁判が、一審無罪という方向で展開していくことの大きな力となった。

覚せい剤事件で服役した経験もある元ヤクザのO氏が、中森のことを書いた手紙を藤井市長宛てに送るという、自分にとって何の利益にもならない行動をとったことが、その後の裁判の展開に重要な影響を与えた。

Ｏ氏としては、中森の「詐欺師」の正体を知っている人間として、その証言で罪に陥れられようとしている美濃加茂市長を激励したい、という気持ちで手紙を出しただけだった。それがきっかけとなって、弁護人から手紙の提供を求められたり、証人として法廷に立たされたりすることになるなどとは夢にも思っていなかったはずだ。Ｏ氏の証言が、もともと意図したものでもなく、何の利害関係もないものであったことも、その証言価値を高める要素になった。

それにしても、そのＯ氏の手紙が藤井市長の下に届いたというのも、通常は考えにくいことだった。美濃加茂市長に手紙を送ると言っても、Ｏ氏には、美濃加茂市役所の住所すらわからない。封筒の宛先住所は「岐阜県美濃加茂市　美濃加茂市役所」だけだった。その程度の住所表記でも名古屋市から美濃加茂市役所に封書が配達されたのである。

しかも、正体不明の拘置所収容者が発信人の手紙が市役所に届いても、通常は放置されるはずだ。ところが、美濃加茂市秘書課の受理印が押捺《おうなつ》され、係員・係長・課長の閲覧承認を経て藤井市長の下に届いたのである。「Ｏ氏の手紙」が藤井市長の下に届いたのは、多くの偶然が重なった、まさに「奇跡」であった。

一審の裁判長の真相解明への積極姿勢

しかし、「O氏の手紙」を見て、我々弁護団が何とかO氏にたどり着き、中森からの手紙を入手して、それを反対尋問に活用し、中森証言の信用性に疑義を差し挟んだとしても、通常の刑事裁判では、現職市長の収賄事件の展開が変わるものではない。

私と元裁判官の森炎《もりほのお》弁護士との対談本『虚構の法治国家』（講談社：2015年）の中で、森氏は、刑事裁判官の「検察の言いなりになる、というより、積極的に、検察にもたれかかりたいという精神性」「根深い依存意識」を指摘し、その「検察にもたれ込む裁判所」が刑事司法の虚構の構図の中心だと述べている。

確かに、刑事裁判官の大多数は、基本的に検察官の主張に沿った事実認定しかしない。それは、検察官時代、検察の現場でその恩恵を受ける立場にあった私の経験からも明らかだ。

特に、社会的に注目を集める重大事件の場合、検察の主張を否定して無罪判決を出すのには、裁判官にとって相当な覚悟が必要となる。現職の美濃加茂市長の収賄事件というのは、まさにその典型だ。一般的な刑事裁判官であれば、贈賄供述者が、公判廷で贈賄供述を覆すとか、それが虚偽であることを示す決定的な証拠が出てきた場合でない限り、無罪判決を出すことは考えにくい。

しかし、一審裁判長の鵜飼祐充《うかいひろみつ》判事は、一般的な刑事裁判官とは若干異なるタイプの裁判官だった。それが、藤井市長にとって幸運であった。鵜飼判事は、中部地方を中心に地裁の現場での勤務を続けてきたベテラン裁判官。もともとは民事裁判官だったが、民事刑事両方を担当する地裁支部に勤務している間に、刑事裁判官に転じたようだ。そういう意味で、一般的な刑事裁判官ほどに「検察寄り」ではなかった。鵜飼裁判長は、弁護人の主張や被告人の言い分にも丁寧に耳を傾け、事件の真相を見極めようとする熱意をもって審理に臨んでくれた。

証人尋問の初日、中森は、涙で声をつまらせながら「一日でも早くゼロになって社会復帰したいと思って贈賄を自白した」と証言した。しかし、翌日の弁護人の反対尋問で、O氏に書いた手紙の内容を突き付けられ、中森の実際の行状が明らかになった。その時点から、鵜飼裁判長の事件に対する見方が変わった。

それは、中森が、多額の融資詐欺の起訴を免れることなど自分の利益のために、意図的な虚偽供述をした疑いを強めるものだった。被告人の藤井市長の収賄容疑の唯一の直接証拠となる贈賄証言を行う中森は、一体どういう人間なのか。鵜飼裁判長は、その点に強い関心を持ったようだ。警察の留置場で中森と連日話をし、その後文通を続けていたというO氏から、中森の言動や人となりについて直接証言させることにも積極的な姿勢を示した。

市長の政治生命を守るための〝攻撃的弁護活動〟

もう一つ、いくつかの偶然が重なって、藤井市長の逮捕直後に私が弁護人を受任し、私なりのやり方で主任弁護人として活動してきたことも、「奇跡」を生んだ重要な要因だったと言えるであろう。

私は、2006年3月に退官して弁護士登録するまで、23年間、検察の組織に所属し、多くの刑事事件に検察官として関わってきた。しかし、弁護士になってからの仕事は、組織のコンプライアンスに関する業務が中心で、刑事弁護の受任件数は僅かしかなかった。その僅かな事件も、大半は起訴後や控訴審からの受任で、被疑者逮捕時から「フルイニング」の刑事弁護を行ったのは、この事件が初めてだった。

大阪地検特捜部の不祥事を受けて、２０１０年11月から開かれた法務省の「検察の在り方検討会議」の委員に加わるなど、検察問題に関する検討や検察改革に関わってきたし、著書『検察の正義』（ちくま新書：２００９年）、『検察が危ない』（ベスト新書：２０１０年）、『組織の思考が止まるとき』（毎日新聞社：２０１１年）などでも、検察の在り方を厳しく批判してきた。そういう私が、捜査段階から弁護人として、検察と全面的に争った初めての事件が、この美濃加茂市長事件であった。

私は、最初の接見の段階から、藤井市長の潔白を確信し、検察での贈収賄事件等の現場経験を最大限に活用して、藤井市長の被疑者・被告人としての権利を守り、裁判で潔白を明らかにすることだけではなく、美濃加茂市民の代表として市政を担う市長の政治生命を維持するための〝攻撃的弁護活動〟を展開した。容疑事実への疑問点や警察・検察の問題について、ツイッター、ブログ、インターネット番組等での発信を続けた。私が用いた手法は、一般的な刑事弁護士の弁護活動とは大きく異なるものだった。

藤井市長の潔白の確信は、あくまで私の主観的な認識に過ぎなかった。市長の政治生命を維持したまま潔白を明らかにすることができるか確かな見通しがあったわけではない。しかし、私には、最初に藤井市長と話した段階から、それが不可能ではない、決して夢ではないという「漠然とした予感」があった。

その予感は、多くの「偶然」が重なったことで、少しずつ現実のものになっていった。しかし改めて考えてみると、それらの偶然の事象の多くは、私が弁護人を受任していなければ、生じていなかった。

まず、T氏の知人のI氏は、第1章で述べるように、最初の接見直後の記者会見で、藤井市長が潔白を訴えていることと、私が潔白を確信していることを明言したことを新聞で知った。警察の取調べでの恫喝に負け、T氏が事実と異なる証言をしてしまったら藤井市長は冤罪《えんざい》に陥れられるのではないか、と思い美濃加茂市役所に電話をして、弁護人の私に連絡してきてくれた。そして、T氏は、私の著書を読んだことがあり、「郷原信郎」のことを知っていた。それが、警察で取調べを受けている最中に警戒感なく、弁護人の私と接触することにつながった。

また、私が「警察による藤井市長の逮捕に重大な疑問がある。市長は潔白だ」という内容の対社会的発信を行ったことが、美濃加茂市役所職員や藤井市長の支援者等が、一致結束して、警察の不当な捜査から藤井市長を守り、市長の早期釈放を求める活動を盛り上げることにもつながった。

そして、O氏が「美濃加茂市長宛ての手紙」を出したことが、一審の公判を弁護側有利の方向に大きく変えることになったが、それも、新聞記事で、藤井市長が潔白を訴えていることを知ったO氏が、「詐欺師」の中森に陥れられようとしている藤井市長を激励しようと思ったからである。藤井市長の潔白を私がマスコミに強くアピールしていなければ、「O氏の手紙」も存在しなかった。

このように考えると、私が弁護人を受任していなかったら、事件をめぐる展開は全く異なったものになっていたことは間違いないと思う。

しかし、その私が藤井市長の弁護人を受任することになったのも、全くの「偶然」だったのである。私は、藤井市長とは事前に面識はなかった。知人の大久保氏が、若手政治家・首長の会で藤井市長と会ったことがあり、藤井市長の逮捕を知って私に電話をかけてきたこと、たまたま、その翌日に、名古屋に出張する予定だったことで、逮捕の翌日に藤井市長と接見し、弁護人を受任することができたのである。

こうして、数多くの不思議な「偶然」が重なり合ったことが、美濃加茂市長事件の「奇跡」を引き起こしたのである。

第1章　私はなぜ「潔白」を確信したのか

藤井市長の逮捕事実は、市議会議員時代の2013年4月に、浄水プラント業者から、10万円と20万円の現金、合計30万円の賄賂《わいろ》を受け取ったという受託収賄等の事実だった。しかし、逮捕当初から、一貫して、業者から現金を受け取ったことは全くないと述べて、全面的に否認している。

私は、この事件について、藤井市長は無実であり、潔白だと、逮捕の翌日の最初の接見の時点で確信した。

その確信は、今も全く変わらない。一審無罪判決、控訴審逆転有罪判決を経て、現在、上告審係属中だが、「再逆転無罪判決」を確信している。万が一、上告が棄却されて有罪が確定したとしても、藤井市長の潔白という真実は、それによって否定されるものではない。その場合、私は、「冤罪《えんざい》」を広く世の中に訴え、司法の場でも、再審で有罪判決を覆すことに全力を挙げていくであろう。

藤井市長の潔白は、私にとっては、決して揺らぐことのない「絶対的な真実」である。

そのように私が藤井市長の潔白を確信したのは、なぜか。本章では、その経過について、詳しく述べておくこととしたい。

一般事件では被疑者の認否・弁解は公表しない

被疑者が逮捕事実を否認しているのであれば、弁護人としては、無罪主張を前提に弁護活動を行っていくことになる。しかし、一般の事件では、被疑者が逮捕事実を否認していることや、その弁解内容を、早期に公表することはあまりしない。ましてや、弁護人の弁護士が、被疑者が潔白だと確信していると公言することはほとんどない。被疑者の認否や弁解内容は、その後の経過の中で変わることもあり得る。早期に弁解内容を公表すると、それが後で変わった時に、被疑者にとって不利になることもあるからだ。

一般人の個人的犯罪であれば、逮捕された被疑者の認否や弁解を公表する必要もない。しかし、この事件では、美濃加茂市という人口約5万6000人の地方自治体の現職市長が逮捕されており、事件の社会的影響も注目度も大きい。逮捕された市長の認否や弁解内容について、全くコメントしないと、マスコミの報道は捜査機関側の情報に基づく「有罪視報道」に埋め尽くされ、逮捕された市長の「犯罪者」としてのイメージが世の中に定着し、市民の市長に対する信任にも大きく影響する。それだけに、最初の接見を終えた時点で、市長の認否・弁解内容について、弁護人の立場でマスコミにどうコメントするかが重要となる。単に、「市長は逮捕事実を否認している」という客観的事実だけを述べるのと、弁護人として、「現金授受の事実は一切なかった」「この事件は冤罪」ということを世の中に強く訴えていくのとでは、マスコミ報道に与える影響も大きく異なる。

しかし、弁護人が、潔白だと確信していると公言して被疑者を擁護し、逮捕した警察の捜査を批判した後に、被疑者が自白し、有罪であることが否定できなくなると、弁護士としての信用が大きく傷つくことになりかねない。

藤井市長が逮捕される約3ヶ月前、「PC遠隔操作事件」では、ウイルスに感染させた他人のパソコンを遠隔操作し、無差別襲撃の予告メールを送信したなどとして、威力業務妨害罪などの容疑で起訴され公判中の被告人が約1年ぶりに保釈された。被告人は、保釈直後の記者会見やインターネット放送などの場に、主任弁護人とともに姿を見せ、逮捕当初から一貫して主張している自身の潔白を改めて世間に訴えた。しかし、その2ヶ月半後、被告人の行った偽装工作が発覚し、保釈が取り消された。自らが犯人だと告白された弁護団は、警察や検察を徹底的に批判してきた従前の主張を撤回し、起訴事実を全面的に認める主張への方向転換を余儀なくされ、面目を失うことになった。

私も、コンプライアンスの専門家、検察問題に関する識者として、それなりに知名度がある弁護士だ。藤井市長が潔白だと確信しているとして、市長を逮捕した警察を批判したりした後に、PC遠隔操作事件のように、本人が犯罪を（藤井市長の場合であれば「現金の授受」を）認めてしまったということになると、弁護士としての信用は大きく傷つくことになる。やはり、私自身が潔白を確信していると公言する以上は、相当な確信がなければならなかった。

そういう意味では、逮捕翌日の6月25日の最初の接見は、藤井市長の事件が、賄賂の授受も含めて全面無罪主張を行っていくことができる事件なのかどうかを見極めるために極めて重要だった。

最初の接見での藤井市長の話

アクリル板で隔てられた接見室にジャージ姿で現れた藤井市長は、学生のようなあどけなさの残る若者だった。逮捕容疑の収賄について、「私は絶対に現金など受け取っていません」とはっきり言い切った上、次のように説明した。

市長選挙に立候補する直前の市議会議員時代に、雨水を浄化して災害時の生活用水にあてる「浄水プラント」の事業を営む「スイゲン（仮名）」という会社の社長の中森という男と知り合いました。東日本大震災でボランティア活動をした経験から、災害時の生活用水の確保の重要性を痛感していたので、浄水プラントを美濃加茂市に導入しようと市当局に働きかけました。しかし、それは、プラントの導入が美濃加茂市や市民のためになると思ってやっていたことで、決して中森に依頼を受けたからではありません。中森とは何回か食事を一緒にしましたが、その際の食事代もいつも割り勘にしていました。

24日の早朝、自宅がマスコミに取り囲まれ、それを逃れるように市役所に来たところ、間もなく愛知県警から電話があり、任意同行を求められて愛知県警本部に連れていかれ、取調べを受けました。椅子に座るなり、書類を机に叩《たた》きつけながら、「金をもらったことを潔く認めろ！」と、2〜3時間にわたって大声で何度も何度も怒鳴られました。

私は、「藤井市長が、浄水プラント業者から現金を受け取った事実は一切ない。収賄事件について市長は潔白」と確信した。

理由の第一は、「中森から現金を受け取ったことは絶対にありません」と私に言い切った時の藤井市長の表情や態度から、「その言葉に嘘はない」と思ったことだ。もちろん、それは、私の「直感」で、あくまで主観的なものだった。罪を犯している被疑者が、何とかして罪を免れようと嘘をつき続けることもある。検事時代に経験した事件でも、被疑者の当初の供述が全くの嘘だった、ということも珍しくはなかった。弁護人に対しても、被疑者は嘘をつく。一般的には、「私はやっていません」という被疑者の言葉を、そのまま鵜呑《うの》みにすることはできない。しかし、そのような私の「直感」は、単に主観的なものだけではなく、検察の現場での同種事件の経験に基づく「直観」、つまり客観的な判断にも裏付けられたものだった。

検察での現場経験に基づく「直観」

贈収賄の事件では、当事者間に「現金の授受」があったとしても、それだけで犯罪が成立するわけではない。授受があっても、それが「職務に関して」やり取りされたものでなければ贈収賄罪は成立しない。特に、議員の場合には、「政治活動に関する寄附」つまり政治献金と認められることが多いので、金銭の授受があっても、ただちに贈収賄が成立するということにはならない。議員の職務、例えば、議会での質問や議決について業者から何かを頼まれたのであれば「受託収賄」が成立する可能性があるが、単に、「浄水プラント」の導入に向けて尽力してもらいたいと頼まれて金銭を受け取ったというだけでは収賄罪にはならない。

もし、藤井市長が中森から現金を受け取った事実があるとしても、それが「職務に関して」やり取りされた「賄賂」でなければ、収賄罪の成立を否定されることもあるというのは、政治家であれば、誰でもわかる話だ。

最初に授受を否認し、後でそれを認めて無罪主張したのでは説得力がなくなってしまう。仮に、現金授受の事実があるのであれば、当初から授受の事実を認めた上で、「職務に関して」やり取りされたものではないとの主張をすべきであり、それによって弁護方針も全く異なったものとなる。

しかし、そういう話をしても、藤井市長の反応は全くない。仮に現金の授受があったとしても収賄罪には問われない場合があるということを話しても、藤井市長は、「お金を受け取っていない。全く身に覚えがない」と言うばかりで、「もし、現金を受け取った事実があったら」という話にはまるで関心がなさそうだった。現金を受け取った事実があるのに、それを隠しているようには思えなかった。

しかも、藤井市長の場合、もし、現金を受け取った事実があるのであれば、それを否定することは極めて困難な状況だった。現金の授受があったとされる現場に「同席者」が存在していたからだ。

もし、現金の授受があった場合には、同席者のT氏がそれを見ていることになる。藤井市長が本当は現金を受け取ったのに「受け取っていない」と嘘をついているのであれば、同席者がどのような証言をしているかが気になるはずだ。

その点について聞いてみると、藤井市長は、

「中森さんを僕に紹介してくれたTさんがいつも一緒でした。Tさんがいないところで中森さんと会ったことはありません。Tさんに聞いてもらえれば現金のやり取りがなかったことはわかるはずです」

と言った。現金を受け取っているのに受け取っていないと嘘をついているとは考えられなかった。

捜査機関側の「誤認」の可能性

藤井市長の話が真実だとすると、捜査機関側が、現金の授受の事実について誤った判断をして藤井市長を逮捕したということになる。そんなことが考えられるか。この点について私には、長年検察官として、同種の事件の捜査に多数関わってきた経験がある。警察が、無理をして現職市長を逮捕してしまう可能性も、私の経験からは考えられないことではなかった。

藤井市長を逮捕したのは、愛知県警捜査第二課だった。捜査第二課にとって贈収賄事件の検挙は最大の目標だ。特に、地方自治体の現職の首長を収賄で逮捕すれば「大金星」となる。しかし、警察限りの判断で被疑者を逮捕することはできても、検察官が勾留《こうりゅう》請求して、最終的に起訴してくれなければ、警察は責任を問われることになる。そこで、そのような事件では、警察が検察官に、起訴の見通しについて「事前相談」をしてくる。私は、検事時代に、そのような捜査第二課からの「事前相談」を数多く受けてきた。自白頼みの強引な捜査で贈収賄事件を立件して逮捕しようとする警察にストップをかけたことも少なからずある。

捜査第二課の事件には、そのような危険性が内在している。「事前相談」を受けた検察が、警察が無理な捜査で現職市長を逮捕することの問題点を見過ごして、逮捕を容認してしまうと、冤罪が発生することになりかねない。藤井市長を任意同行し、冒頭からがんがん怒鳴り付けるという警察の取調べのやり方は、そのような無理筋の捜査第二課事件でしばしば使われるやり方だった。

私は、藤井市長と接見して彼の話から得た「直感」だけではなく、検察官としての経験に基づく「直観」からも、藤井市長の潔白、無実に確信を持った。

マスコミに「潔白を確信」とコメント

検察庁での最初の接見を終え、庁舎から出たところで、記者達に囲まれ、藤井市長の逮捕事実の認否について質問を受けた。「市長は、現金授受は全くないと明確に否定している」と結論だけ述べた。その後、場所を移して記者会見を行うことにし、幹事社の記者に手配を頼んだ。

警察が現職市長を逮捕したと聞けば、多くの人は「逮捕されたんだから市長が罪を犯したことは間違いないだろう」と思う。それに加え、マスコミの「有罪視報道」によって「犯罪者」のイメージが世の中に広まる。それが、美濃加茂市民の認識になっていけば、「収賄市長」の辞職を求める声が強まり、いくら潔白を訴えても市長の職にとどまることは困難になる。最終的には、市議会で不信任決議が可決され、辞職に追い込まれることになる。

しかも、逮捕された身で、接見禁止とされ、弁護人以外の外部の人間とは接触することができない。市長の留置場の中からの無実の訴えは、世の中には届かない。それに代わって市長の訴えを伝えるのは、弁護人しかいない。

私は、記者会見で、藤井市長は、現金は一切受け取っていないと述べていること、そして、任意同行当日、警察で市長に対して威迫的、恫喝《どうかつ》的な取調べが行われたことを強調した。「美濃加茂市民の代表である市長に対して礼儀をわきまえてほしい」と述べた。そして、最後に、記者から、弁護人としての現時点での認識を質問され、「私は、今日の接見で藤井市長の潔白を確信した」と付け加えた。

「潔白の確信」を深めたもの

藤井市長は無実だという私の確信は、その後、さらに深まっていった。

まず、接見を重ねる中で、藤井市長自身から聞いた話の内容である。

そもそも、市議会議員時代の30万円という金額の収賄の事実で、現職市長を逮捕するというのは、従来の警察・検察の実務の常識からは考えられなかった。過去の例を調べると、逮捕当初の金額は低くても、最終的には100万円を超えているものがほとんどだった。弁護人としては、「警察が捜査中の余罪があるのではないか。まず、30万円の事実で逮捕し、その勾留中に、余罪の嫌疑を固めて、再逮捕しようとしているのではないか」という点が、気になるところだった。

その後の接見で、私は藤井市長から、警察が余罪として捜査の対象にする可能性のある事実について徹底して聞いていった。その1年前に行われた市長選挙について、選挙資金の収支、管理方法、選挙運動の状況等、さらに市長就任後における他の業者との関係などについても詳しく聞いた。その中で、警察が悪意でとらえて捜査の対象にする可能性が全くないと言えないようなものがあると特に詳しく聞いた。それに対しても、藤井市長は、何一つ包み隠さず正直に答えてくれた。私は「再逮捕はない」と確信した。

そのように、弁護人の私に、あらゆることを率直に正直に話してくれる藤井市長が、中森から現金を受け取ったことだけ、事実を隠しているというのは考えられないことだった。

しかし、その後、刑事手続が進行する中で「現金授受があったとされる場への同席者」T氏の証言など現金授受がなかったことを示唆する証言、留置場で中森の隣の房の収容者だったO氏の証言などの贈賄供述者の信用性を否定する証言などが次々と明らかになっていった。一方、検察官が開示した証拠には、中森の贈賄供述以外にほとんどめぼしいものがなかった。藤井市長の潔白への確信は、あらゆる証拠を総合的に判断した結果からも、ますます強固なものになっていった。

第2章「非道な取調べ」と「裏付け証拠の無さ」

繰り返し述べているように、私自身は、藤井市長が中森から現金を受け取った事実はなく、潔白・無実であることを確信している。ところが、警察・検察の判断は、全く正反対であり、現金授受の事実が存在するとの前提で、藤井市長を逮捕し、起訴し、公判でも有罪を主張した。警察・検察はなぜそのような判断を固めてしまったのか。

最大のポイントは、6月24日早朝に、藤井市長の自宅周辺に大勢のマスコミ関係者が詰めかける中、愛知県警が、藤井市長に、美濃加茂市役所から愛知県警本部への任意同行を求めた時点にある。

この捜査の主体となったのは、愛知県警捜査第二課だった。融資詐欺で逮捕した中森が、勾《こう》留《りゅう》中に藤井市長への贈賄を自白したことから、市長の贈収賄事件の端緒をつかみ、捜査を続けてきた末に、藤井市長に任意同行を求めて取調べることにしたものだった。

美濃加茂市は岐阜県だが、このような事件の場合、端緒をつかんだ警察が捜査を行うのが通例だ（形式上は、「愛知県警・岐阜県警の合同捜査本部」ということになっていたが、実質的に愛知県警単独に等しかった。岐阜県内の市長の事件ということで、岐阜県警の「顔を立てた」ということだろう）。

「全国最年少市長の収賄事件」の摘発を世の中に大きくアピールしたい愛知県警側のリークによるものであろう。任意同行の直後から、「全国最年少の岐阜・美濃加茂市長、受託収賄容疑などで取調べ」とマスコミで一斉に報じられ、衝撃的なニュースとして全国に伝わっていった。その時点で、藤井市長を、その「収賄事件」で逮捕すること、そして、起訴することは、事実上避けられないものとなっていた。

この事件では、中森が合計30万円の現金を藤井市長に渡したとする会食の場には、T氏が常に同席していた。「現金授受」に関する当事者は、中森、藤井市長、T氏の3人である。捜査機関側としては、中森の贈賄供述だけではなく、一方の当事者の藤井市長、そしてT氏の供述を確認した上で、本当に、「現金の授受」の事実があったのかどうかを慎重に判断する必要があった。ところが警察は、藤井市長と同席者のT氏の供述を全く確認することなく、現職市長の任意取調べに着手し、それがマスコミに大々的に報道されることになった。T氏も、ほぼ同じ頃、初めて警察に任意同行を求められ、取調べを受けていた。

そして、実際に取調べを始めてみると、中森が供述していた「4月2日の10万円」「4月25日の20万円」の現金授受について、藤井市長は全面否認。そして、常に会食の場に同席していたT氏も「現金授受は見ていない。席も外していない」と供述した。中森と藤井市長・T氏2人の供述とが全面的に対立する構図となった。

本来、「取調べ」というのは、被疑者・参考人の供述をもとに、捜査機関や検察官が、事件についての「事実」を見極めるために行われるものだ。現職市長を収賄事件で逮捕するということになれば、その地方自治体や住民に与える影響は計り知れない。それだけに、現職市長に対する容疑事実が間違いないのかを慎重に見極める必要があった。

そこでは、二つの方法が検討されたはずだ。

一つは、4月2日の会食に同席していたことが判明したT氏を事前に取調べ、中森供述に沿う供述が得られた場合に、現職市長に対する捜査に着手するという方法だ。それが捜査機関としての常識的な手法である。しかし、T氏を任意聴取した場合、警察の捜査の対象とされている嫌疑の内容が、藤井市長側やマスコミ等に漏れるおそれがある。

もう一つの方法は、藤井市長からは現金の授受の自白を、T氏からは中森供述に沿う供述を得るべく、両方の任意聴取に同時に着手するやり方である。いずれかの供述が得られれば、中森供述は裏付けられることになる。

この方法は、両名に突然の聴取による心理的プレッシャーを与え、なおかつ、相互の連絡ができない「囚人のジレンマ」の状態に追い込むことで、自白ないし捜査官に迎合する供述が得られる可能性がある。

しかし、この方法をとった場合、現職市長への聴取がマスコミで大々的に報じられると、市長・T氏のいずれからも中森供述に沿う供述が得られない場合でも、そのまま聴取を終了するわけにはいかなくなり、中森供述だけを頼りに現職市長を逮捕せざるを得ない事態に追い込まれるおそれがある。取調べによって「事実」を見極める前に、強制捜査に突入するというのは、後に引けない事態になりかねない乱暴な方法だ。

この事件では、中森が贈賄供述を始め、警察でその内容を検討し、検察官が事前に中森を聴取して検察官調書を作成した後、藤井市長逮捕に至るまでに、1ヶ月半の期間がかかっている。その間、愛知県警では、中森供述に基づいて藤井市長を逮捕することの是非について、名古屋地検との協議が行われていたはずだ。その結果、市長とT氏を同時に任意聴取するという方法が選択された。どちらかで結果が出せるだろうという不確かな「見込み」で、同時聴取の方針を決断したのだろう。

そうだとすれば、余りに見通しが甘かったと言わざるを得ない。藤井市長の任意同行の段階で、「全国最年少市長、収賄で取調べ」と一斉に報じられた以上、もはや、警察・検察は、「引き返せない状況」に陥っていた。

その後の二人の取調べは、「現金の授受」の有無を判断するという「本来の目的」のためのものではなかった。藤井市長の取調べは、何とかして現金授受を認めさせることが目的だった。T氏には、中森供述に沿う、又は、少なくとも反しない供述をさせること、それができなければ、T氏の供述を証拠として無価値化することに全力が注がれた。そのために警察・検察が行った取調べは不当極まりないものだった。まさに「非道な取調べ」が繰り返された。

「美濃加茂市を焼け野原にしてやる！」

藤井市長は、早朝に警察官に任意同行を求められて愛知県警本部に連れていかれ、そこで取調べが始まった。席に座るなり、警察官は、書類を机に叩《たた》きつけ、「金をもらったことを潔く認めろ！」と怒鳴った。その後、2～3時間にわたって2人の警察官が大声で何度も何度も怒鳴り続けた。

そして、身に覚えのない収賄容疑で逮捕された後も、威迫的、恫喝《どうかつ》的な取調べが続いた。

「こんなハナタレ小僧を選んだ美濃加茂市民の気がしれない」などと美濃加茂市民を侮辱するようなことを繰り返し言われた。絶対に許せなかったのは、自白しないと捜査の対象を、支援者や市役所の関係者、市民にどんどん拡大させていくと恫喝され、その中で、「美濃加茂市を焼け野原にしてやる！」というようなことまで言われたことだった。それは、取調べ警察官が、次のような話の中で発した言葉だった。


「支援者のA・B・C・D（いずれも美濃加茂市内の会社経営者）……知ってるよね。経営者には警察に聞かれて嫌なことはいくつかあるはずだ。早くお前が話さないと、どんどん関係者や市民のところに警察の捜査が及ぶことになる。美濃加茂市中が焼け野原になっちゃうぞ。（藤井氏が塾長を務めていた）塾の子ども達のところにも警察が行かなければいけない。そんなことになってもいいのか？」


「美濃加茂市を焼け野原にする」というのは、美濃加茂市の建物や田畑を物理的に「焼き払う」という意味ではなく、警察の捜査の対象を、藤井市長の支援者や関係者など、美濃加茂市の人達にどんどん拡大していって壊滅的な打撃を与えてやるという意味だった。警察が、捜査権限を使って現実的に行い得ることとして告げられた「脅し」そのものだった。

そのようなやり方は、昔から、特捜検察でも、警察の捜査第二課でも、被疑者を自白に追い込む常套《じょうとう》手段として使われてきた。被疑者に自白をさせようとする場合、効果的なのは最も弱いところを衝《つ》くことだ。社会的地位のある被疑者は、自分が処罰されることより、自分のことで、その所属する組織や他人が事件に巻き込まれることを恐れる。「罪を犯したのに潔く認めず、他人にも迷惑をかけた」と言われ、社会や他人との関係性が破壊されることは、身に覚えのない罪で処罰されること以上に辛《つら》いことなのだ。

「美濃加茂市を焼け野原に」という言葉は、支援者や知人を含む美濃加茂市民に捜査の手をどんどん拡大し、「草木も生えないような状態にしてやる」という「現実的な脅し」だった。

警察の取調べは、藤井市長を単に犯罪者として扱うだけでなく、陰湿かつ悪辣《あくらつ》なものだった。

このような「非道な取調べ」については、接見の際に、藤井市長から詳しく聞いていた。

「そのような取調べに絶対に屈してはならない。やってもいない事実を認めてはならない。釈放後に、警察の取調べを問題にできる時が来る」と我々弁護団は激励し続けた。

その時点では、弁護団のメンバーは5人だった。東京の弁護士が、私と私の事務所所属の弁護士である新倉栄子《にいくらえいこ》の2人、名古屋の弁護士が神谷明文《かみやあきぶみ》弁護士と同じ事務所の若手の渡邊海太《わたなべかいた》弁護士の2人、もう1人が、藤井市長の友人で、福井弁護士会所属の上原千可子《うえはらちかこ》弁護士だった。

警察での取調べの状況からすると、若い藤井市長が、過酷な取調べで虚偽自白に追い込まれる可能性も十分にある。弁護人が毎日、接見して、取調べの状況を把握し、サポートすることが不可欠だったが、東京の弁護士の我々には、どうしても、接見できる頻度に限界があった。

そういう意味で、名古屋の2人の弁護人、特に、若い渡邊弁護士が、連日、接見に通ってくれたのは、藤井市長にとって、大きな力になった。

このような弁護団の接見によるサポートを受けた藤井市長は、警察の「非道な取調べ」によって、不当な警察捜査に立ち向かう「不屈の闘志」を一層かき立てることになった。

保釈直後の記者会見で、藤井市長は、警察での取調べの状況に関して、「美濃加茂市民を侮辱し、恫喝する警察のやり方に、絶対に負けられないと思った」と述べた。

警察での取調べで失神したT氏

藤井市長が愛知県警に任意同行を求められ、美濃加茂市役所から愛知県警本部に移動している最中の6月24日午前7時頃、T氏の自宅に警察官が訪れ、県警本部に同行を求めてきた。同行に応じたT氏の取調べが始まった。T氏によると、前年の4月2日のガスト美濃加茂店、4月25日の名古屋市内の山家住吉店での会食についての警察官とのやり取りは、次のようなものだった。


「会食の場で、中森が藤井に金を渡した。お前、それを見たか」

「見ていません」

「金が渡った話を、中森か藤井から聞いてないか」

「そんな話は聞いたこともありません」

「それじゃ、席を外していたので金を渡したことはわからなかった、ということで、取りあえずの調書を取っておく」

警察官は、パソコンで調書を作成し、署名するように言ってきた。

「席を外したことがありました」という記載がある供述調書だったが、T氏は、聞かれているのは中森と藤井市長との間のお金のやり取りを見たかどうかで、席を立ったかどうかが問題だとは思わなかったので、その調書に署名した（全く信用性がないことが明らかな調書であり、この供述調書は、その後、検察官立証においても、T氏の証言の信用性を争うことにも、全く使われなかった）。

その後の取調べは、「会食の場でT氏が席を外したこと」を具体的に供述させることが中心となった。

T氏は、「席は外していないと思います」と答えたが、警察官は聞き入れなかった。

「中森が藤井に金を渡したことは間違いない。それを、お前が見ていないのなら、席を外していたとしか考えられないじゃないか」

「席を外していないと思います」

「絶対に外していないと言い切れるか」

「……」

「4月2日にガスト美濃加茂店で、ドリンクバーに1人で飲み物を取りに行って席を外したのではないか」

「ドリンクバーに行くのなら3人一緒に行ったはずです」

「その後、おかわりを取りに1人で行ってないか」

「短時間なので、おかわりはしていないと思います」

「絶対にないと証明できるか」

というようなやり取りが続いた。T氏に「ドリンクバーに1人で飲み物を取りに行った」と認めさせようとする強引な取調べだった。そもそも、ドリンクバーというのは、自分の好きな飲み物を選ぶためのものなのだから、通常は、他人の分まで取りに行くということはない。T氏にとって、当時市議会議員だった藤井氏（市長就任前の藤井氏のことを「藤井氏」と表記する）は、10歳程年下であり、「藤井君」と呼んでいた。T氏は、藤井氏との関係からも、1人で他人の分まで飲み物を取りに行くはずはないと一貫して述べている。

しかも、ガスト美濃加茂店で、実際に、3人が座った場所とドリンクバーとは、2、3メートルしか離れていない。ドリンクバーに1人で行っても、残りの2人が何をやっているかは、すぐ近くで見える位置なのである。

ところが、警察官は、とにかく「席を外した」と供述させようと、威迫的な取調べを続けた。

連日このような取調べが続き、27日は頭痛・発熱でT氏の体調が悪化したが、休憩を求めても警察官は中断しようとしなかった。28日は、さらに体調不良が悪化し、「もうわからない」と言ったところ、警察官から2人がかりで「何だ！　その態度は！」と大声で恫喝された。T氏の身体は痙攣《けいれん》を始め、過呼吸になって失神し、起き上がったが、また、その場に昏倒《こんとう》した。

T氏に対する警察の取調べは、執拗《しつよう》に同じ質問を繰り返して、混乱・疲弊させ、さらに恫喝し、精神的に追い込んで、警察の意に沿う調書に署名させようとするものだった。

このような警察の取調べが続けば、殺されるか、頭がおかしくなってしまうと思ったT氏は、名古屋市内の弁護士に依頼して、取調べのやり方について検察庁と県警本部宛てに抗議の書面を出してもらった。それ以降、警察での取調べはなくなり、検察庁での取調べだけになった。

そして、序章で述べたように、T氏から警察で不当な取調べを受けていることを聞いた知人のI氏が、私の事務所に連絡をしてきてくれた。それが、弁護人とT氏との接触の機会につながり、その後、この事件をめぐる状況を大きく変えていくことになった。

T氏の検察での取調べ

T氏の名古屋地検での取調べは、藤井市長の逮捕の2日後の6月26日に初めて行われた。T氏が弁護士に依頼して県警本部への抗議の書面を提出し、警察での取調べが行われなくなった29日以降は、検察での取調べが連日のように行われた。

26日の伊藤検事の取調べは、警察での取調べのように「外形的に不当」なものではなかった。意図がT氏にわからないようにしつつ、曖昧《あいまい》な内容の供述調書を作成して署名させ、藤井市長に不利な方向に使おうとするという「欺瞞《ぎまん》的なやり方」そのものであった。

その典型が、最初の取調べで作成された検察官調書だ。

調書末尾に、「中森が藤井に金を渡したという供述をしていると聞きましたが、私はその場面を見た記憶がありません」という記載に加えて、「仮に、中森が藤井にお金を渡しているとするなら、私がトイレや電話などで席を外した際に渡しているのではないかと思います」と書かれている。

T氏によると、伊藤検事から、「もし中森がお金を渡していたとして、あなたが、それを見ていないとすれば、席を外した時しか考えられないでしょう」と言われて、「中森がお金を渡していた」という仮定の話であれば、理屈としてはそういうことになるので、「それはそういうことになります」と答えたものだった。

その翌日の6月27日に我々弁護団が、T氏と直接会って話を聞いた。その際、T氏は中森・藤井氏・T氏の2回の会食では、現金の授受は見ていないし、席も外していないと明確に述べていた。席を外していないと断言できる理由についても、「小便の間隔が長く、飲みに行った際もほとんどトイレに行くことはなかった。会食の最中に携帯に電話がかかってきても、中座して携帯に出るような用件は考えられない。会食の時間はいずれも30分程度で短時間だった」などの理由を、はっきり説明していた。

検察官の調書は、その文面からも、あくまで「仮定の話」であり、T氏が、会食の際にトイレや電話で席を外したことがあるか否かとの質問に対して「席を外した」と答えたものではないことは明らかだ。ところが、検察官はその調書を、公判で、T氏が会食で席を外したことを認める供述をしていたことを示す証拠として請求してきた。「仮定の話」などと言って、本人が言っていることとは全く異なる内容の調書に署名させて、それを証拠に使ってきたのである。

その後のT氏の取調べでは、「席を外していない」と明言するT氏と、「席を外した可能性」を認めさせようとする伊藤検事との押し問答が続いた。その結果、調書の内容は意味不明なものとなっている。

例えば、7月4日の調書には、「私は、藤井と中森と会う時には、なるべく中座をしないようにという観点から、トイレに途中で行ったり、どうでもいい電話に出たりしないように気をつけています」と書かれている。「なるべく中座をしないようにという観点」という言葉になったのは、T氏が、前述したような理由で「中座をしたことはありません」と言っているのに、伊藤検事は、そのままの表現では調書を取ろうとしなかったからだ。長い時間をかけて、いろいろ言い合った挙句、このような「わけのわからない表現」になったものだ。「席を外したかどうか」についての話なのに、「観点」などという言葉が出てくることはあり得ない。「なるべく」「気をつけています」という表現も、なぜ「席を外さないように気をつける」のかが不明だ。実際に、電話で中座することもないし、トイレに行くこともないので、席を外したとは考えられないと言っているのに、「中座することもある」という趣旨になるよう、伊藤検事が作文したことは明らかだ。

同じ調書に、「検事から途中で席を立ったことが絶対ないかと言われれば、そうはっきりとは言い切れません」という表現もある。T氏は、「席を立ったことはない」と言い続けていたのに、「具体的に覚えていないのだから、絶対とは言い切れないでしょう」と言って、伊藤検事が譲らず、結局「検事から言われれば」という表現を入れることで、「はっきりとは言い切れない」という表現にすることに同意したとのことだ。

その後、T氏がインターネット番組に出演して、藤井市長に有利なことを公言するようになって以降は、伊藤検事の作成する調書は、T氏の証言の価値を低下させようとする意図が露骨に表れたものになっていった。

伊藤検事とT氏との「言い合い」の結果、曖昧な表現になっていた当初の調書の表現とは異なり、「席を外していない」などと明確に述べる表現になっていった。それについて、検察官が、前の調書の内容とは供述が変わっていることを指摘する「問答」が加えられることで、供述内容が藤井市長に有利に変遷したことを強調するのである。そして公判では、検察官は、「弁護人と接触した後、Tの供述が変遷した」と主張した。

T氏本人としては、取調べに対しては、会食では席を外していないことなど、終始、同じ趣旨の話をしており、弁護人との接触後に供述内容を変えたつもりは全くない。しかし、検察側にとっては、そのようなT氏の「生の供述」は、「T氏が席を外した時に現金を渡した」との中森供述を否定する決定的な根拠になりかねない。そこで、T氏の供述の証拠価値を否定するために「供述の変遷」を強調する内容の調書を取ることにしたのである。

伊藤検事の取調べは、中森の贈賄供述を唯一の直接証拠とする検察官立証を維持するために、姑息な策を弄《ろう》することに終始していた。

重要事実を隠して藤井市長に自白を迫った検察官

検察庁で藤井市長を担当した小島検事の取調べは、すべて録音・録画されていたこともあり、警察での威迫的な取調べのような「外形的問題」はなかった。しかし、勾留満期直前に、重要な事実を隠して、客観的事実から現金の授受の事実が否定できないように思わせる「詐欺的な手口」で自白を迫っていた。

ガスト美濃加茂店で10万円の現金授受があったとされる4月2日の2日後の4日の午前に、藤井市長が市議時代に経営していた塾の銀行口座に9万5000円が入金されていて、それに見合う他の銀行口座からの出金がなかった。警察は、中森から受け取った10万円のうちの9万5000円を口座に入金したと考えたようだ。

藤井市長は、検察官の取調べでも、この9万5000円の入金について、「どこから来た金か」「誰から借りたのか」「金をもらったのではないか」と厳しく追及され、「年度末、年度初めの時期なので、塾の月謝等の現金収入が入っていたはずです」と述べたが、完全に無視され、そのような現金収入はなかったような前提で追及が続けられた。

関連口座の入出金を記載した表だけを示して、4月4日の9万5000円の入金に対応する他の口座の出金がないことを指摘し、「この入金については説明がつかないんじゃないか」と追及し、「認めるなら今しかない」「あなたが認めなくても、裁判になれば検察が立証して有罪になる」などと言ったり、「きっとお父さんは息子のことも信じているだろうけど、警察の組織でずっと働いてきたから、そういった思いとの板挟みになっているんじゃないか。有罪になった時、お父さんはどんな気持ちになるのでしょうね」などと警察官であった父親のことまで持ち出して、心理的に追い込んで現金授受を認めさせようとしたのだ。

保釈後、還付されたパソコンや預金通帳で確認したところ、その時期の現金収入は15万円程度あり、また、銀行にも国税の還付金が28万円余り振り込まれていることがわかった。弁護人が確認したところ、現金入金事実については警察の捜査報告書も作成されていることがわかった。小島検事はその事実を認識していたのに、入金された金の原資の説明がつかないように思わせて自白を迫っていたのだ。

藤井市長は、父親のことまで持ち出されて絶望的な心理状態になり、中森から現金を受け取ったと虚偽の自白をしてしまおうかと一時は思ったそうだ。その後、弁護人の接見で勇気づけられていなかったら、虚偽自白に追い込まれていた可能性もある。

藤井市長やT氏に対する取調べは、供述に基づいて事実を解明するという本来の「目的」とは全く異なるものだった。騙《だま》し、すかしなど手段を選ばず、被疑者や関係者から、捜査機関側に有利な内容の供述調書を取って署名さえさせればよいという、前時代的な「調書中心主義」そのものの取調べであった。

結局、藤井市長に対する侮辱的、恫喝的取調べは、かえって市長の「不屈の闘志」をかき立て、「虚偽自白」から遠ざける結果となった。また、T氏に対する警察の威迫的、恫喝的取調べは、それを見かねたI氏の動きによって、藤井市長の逮捕から間もない時期に最重要証人であるT氏と弁護人が接触することで、弁護活動に大きな「糧」を与えた。そして、検察でのT氏・藤井市長の取調べで用いられた欺瞞的で不当な方法は、公判で弁護人側から厳しい批判を受け、一審裁判所に、検察官の主張・立証そのものに対する不信感・警戒感を生じさせることにもつながった。

「非道な取調べ」は、警察・検察にとって、何一つ得るものがなかったどころか、「奇跡」を生じさせる原動力の一つになったとも言えるのである。

警察・検察が言う「裏付け証拠」の正体

現金を渡したとする中森供述と、それを一貫して否定する藤井市長、「現金授受は見ていない。席も外していない」という会食の場の同席者T氏の供述とが全面的に対立する「1対2」の構図であることは、弁護人の私のブログ、ネット放送等での発信によって、世の中に明らかにしていった。それに対して、警察は、藤井市長逮捕の正当性を「中森供述は、多くの証拠によって裏付けられている」とマスコミに説明しているようだった。名古屋地検が藤井市長を起訴した段階での地検側のコメントも同様だった。警察・検察が、藤井市長の有罪に自信を持つ根拠だと言う「裏付け証拠」とは一体何なのか、その時点では、我々弁護団には、わからなかった。

藤井市長の事件は、公判前整理手続に付された。裁判員制度の導入に先立って、2005年11月施行の改正刑事訴訟法で導入されたもので、裁判官・検察官・弁護人が初公判前に協議し、証拠や争点を絞り込んで審理計画を立てて、刑事裁判の充実・迅速化を図る手続だ。

この手続では、まず、検察官が請求予定証拠を開示し、証明予定事実を記載した書面を提出、公訴事実の立証のために公判で請求する予定の証拠を開示する。それに対して、弁護人からも、予定主張記載書面を提出し、弁護側立証に必要な証拠請求を行う。弁護人の主張に関連する証拠については「主張関連証拠」として検察官に開示請求する。

藤井市長の事件では、8月初めに、検察官から請求予定証拠が開示され、証明予定事実記載書面が提出され、贈賄に関する中森の供述調書や贈賄自白を始めた際の上申書も開示された。しかし、開示された検察官の証拠には、中森の贈賄供述の裏付け証拠として意味のあるものはほとんどなく、それを「裏付け」だというのは、単なる「こじつけ」に過ぎなかった。

会食後のメール

まず、会食の後に藤井氏と中森との間でやり取りされたメールを、「現金授受についての中森供述を裏付ける証拠」として重視していたようだ。公判でも検察官がそのような主張をしてきた。しかし、それらのメールは、どう考えても、「裏付け証拠」になるものではなかった。

中森は、4月2日の会食後、藤井氏に、

「本日はお忙しい中、突然申し訳ございませんでした。議員のお力になれるよう、精一杯頑張りますので宜《よろ》しくお願いします」

とのメールを送信し、それに対して、藤井氏は、

「全て市民と日本のためなので宜しくお願いいたします！」

と返信している。

このやりとりについて、中森は、「また動いていただければ、またお金をお渡しします」という意図で送信したと供述している。だからこのメールが現金授受を裏付けるものだと検察官は言うのである。しかしメールの文言からは、あまりにかけ離れた解釈だ。

藤井氏は、浄水プラントを美濃加茂市に設置することが市民のためになると考えていた。防災政策の一環として浄水プラントを導入することが美濃加茂市民、ひいては日本の利益になると考えたからだというのが自然な解釈だ。検察は、中森は美濃加茂市民ではなく投票権を有していないので「議員のお力に」なる方法は資金援助しかないから、これは「お金のやり取り」という意味だという。それは、藤井氏が、市民のため、美濃加茂市のために市議会議員として仕事をしている、ということを完全に無視するものだ。

極め付きは、4月25日の山家での会食の翌日、中森から送られた、

「昨晩はありがとうございました。市長選頑張って下さい。手伝いや、ご協力、そして・・・。なんでも遠慮なくご相談下さい」

というメールへの返信として、藤井氏が、

「ありがとうございます。本当にいつもすいません」

と送信したメールを、検察官が、「中森供述の裏付け」だと主張したことだ。

藤井氏が「すいません」ではなく、「いつもすいません」と書いたのは、「ガストでの10万円に続いて、さらに20万円もらったので、『いつもすいません』とメールしたのではないか」というのである。

「すいません」「ありがとうございます」は藤井氏の口ぐせだった。市議会議員という立場にあったことからしても、メールで「すいません」という言葉を使うのは珍しいことではない。それに、「いつも」がついているから特別の意味がある、というのは全くのこじつけだ。藤井氏は、4月25日以前にも中森と食事したことがあるので、それを踏まえて「いつも」と書いただけのことだ。この文言によって、複数回の現金授受があったことが裏付けられるというのは、あまりにも飛躍している。

「現金授受」に近接した資金の流れ

メールと並んで、警察・検察が重視したのが、中森が藤井氏に現金を渡したと供述する会食前後の資金の動きだった。

4月2日の昼にガスト美濃加茂店において渡したという10万円の原資に関して、中森は、「知人のDに、藤井に渡す10万円と、個人的な借金の返済金5万円の合計15万円の借金を申し込んだ。4月2日の朝、ATMでDから振り込まれた15万円を引き出し、そのうち、5万円を借金返済のために振り込み、残った10万円を同銀行支店に備え付けられていた封筒に入れた」と供述している。

しかし、一方で中森は、多い時で20万〜30万円、少ない時でも5万か10万は、手元に現金を所持していたと証言しており、10万円程度であれば手持ちの現金から捻出《ねんしゅつ》できる金額だ。それなのに、他人からの振込という資金移動が記録化される手段によって贈賄原資を調達し、贈賄行為に及ぶ直前に、記録が残る形で、その資金を銀行から引き出して藤井氏に渡したというのは、あまりに不自然だ。

違法な賄賂《わいろ》を渡すとの認識があるのであれば、可能な限りその証拠を残さないように、手持ちの現金から賄賂原資を捻出するのが通常の行動であり、中森の供述は明らかに不合理だ。

一方で、警察・検察が、4月2日に10万円の現金が藤井氏に渡ったことの裏付けだとしていたのが、本章で述べた、4月4日の9万5000円の入金だが、その前後の塾の月謝等の現金収入との関係で、その入金の事実は、全く裏付けとはならないものだった。

合計で30万円という、現職市長の収賄事件としては桁《けた》違いに僅少《きんしょう》な賄賂金額であることは、市長を逮捕・拘束するほど重大であるかという事件の評価が問題となる。それとは別の問題として、贈賄側がポケットマネーとして持っていても不思議ではない程度の金額については、そのような現金の動きが実際にあったのかなかったのかを客観的に明らかにすることが、もともと困難なのである。

市長選挙での「中森の応援」

藤井氏が、市長選挙戦に際し、中森から支援を受けていたことに関する主張も、公判前整理手続で検察官が出してきたものだった。証明予定事実記載書面では、「現金の授受に関する間接事実」の一つとして、「被告人が美濃加茂市長選挙に際して中森から金銭的協力を受けたこと」との項目が設けられ、

「Tは、5月11日から同月17日まで、同月22日から同年6月2日までの2回にわたり、中森が手配した美濃加茂市所在の旅館に宿泊し、その間、政策の提案や対立候補者の事務所の写真撮影等の選挙に関する協力を行った。Tは、前記協力を行うに当たり、中森から活動費として金銭を受け取り、Tが宿泊した旅館の宿泊費合計9万1200円については、中森が支払った」

と書かれていた。

この事実について、検察官は「実際に宿泊代金を中森が支払っていることから、中森がTの宿泊代金を負担するという形で被告人に資金援助をしたと認められ、被告人も、Tが中森の手配した宿泊施設で協力を行うことを応諾し、最終的にも、躊躇《ちゅうちょ》する様子すらなく中森に宿泊代金約9万円を支払ってもらったとの事実が認められる」と主張している。そこから、中森と藤井氏が癒着していて、現金授受の事実があったことの裏付けにもなるというのだ。しかし、この「宿泊代金約9万円を支払ってもらった」という点は、全くの言いがかりだった。

T氏は市長選挙期間中、藤井氏の公約の作成や政策立案、対立陣営の情報収集などを独自に行い、藤井氏と連絡を取り合っていた。別の仕事の関係もあり、美濃加茂市から比較的近い場所に滞在して、藤井氏の市長選を側面から支援する活動を行いつつ、他の仕事も行っていた。

運動員としての選挙運動の労務に携わっていたわけではない。この行動は、政治家としての藤井浩人に期待していたT氏が、ブレーンとして自らの意思で行ったものであり、中森の指示によって選挙応援に派遣された、という構図ではない。

藤井氏はT氏とのやり取りの中で、選挙期間中、T氏が美濃加茂市付近に滞在していたことは知っていたが、それまでと同じく、自分の政治活動に好意で協力してくれていると考えていた。藤井氏が負担する筋合いではないT氏の宿泊費をT氏自身が負担しているのか、他人が負担しているのかは知らなかったし、関心もなかった。まして、中森の手配でT氏が美濃加茂市に滞在していたとは思っていなかった。

宿泊費の支払が一部滞っていたのを、旅館の経営者が美濃加茂市役所に連絡を入れて問い合わせたことを、検察官は、藤井氏側が支払うべき旅館代だったかのように主張した。しかし、未払いとなっていた宿泊費は、藤井氏から伝えられたT氏が中森に連絡して、中森が支払った。藤井氏には、「中森の応援」を受けていた認識がなかったからこそ、宿泊していたT氏自身に連絡したのだった。

「良い癒着」

証明予定事実記載書面の「現金の授受に関する間接事実」の一つに、「中森との関係を『良い癒着』と述べていたこと」が含まれていた。

検察は、中森が市長就任後の藤井氏に送ったメールの中の「市長の言葉をお借りすれば……良い癒着であると考えられます」という文章を取り上げ、これが、藤井氏と中森との間の癒着関係を示すものであり、現金授受の裏付けとなる事実であるかのように主張したのである。

しかし、これは、藤井氏の発言を誤ってとらえたものだ。

藤井氏が使っていたのは、「良い癒着」ではなく、正しくは「明るい癒着」だった。「明るい癒着」とは、三重県《みえ》松阪市《まつさか》の山中光茂《やまなかみつしげ》市長（当時）が積極的に使っていた言葉だ。平等にチャンスを提供し、説明責任を果たすという前提の下、あえて「癒着」という言葉を使うことによって癒着というイメージを逆手にとり、自治体が民間企業と積極的に連携して市民の利益のために動いていく、という意味が込められたものだった。つまり、お金のやり取りや利益関係、資金提供などを連想させる本来の意味とは正反対の意味を持つ言葉だった。藤井氏は、そういう意味の「明るい癒着」という言葉を、いろいろな場で使っており、中森にも、同様の説明を行った可能性がある。

中森は、その藤井氏の言葉を「良い癒着」と間違えて記憶していたものの、7月17日のメールでは、「自治体と企業の協力関係が市民のためになる」という、藤井氏が意図していたところの意味合いで用いている。

そのような背景やメールの文脈を読めば、この言葉がやましい意味合いで用いられているものではないことはわかるはずだが、検察は論告で、この事実を文字通りに「中森と藤井市議との癒着関係の裏付け」であるかのように主張したのである。

警察・検察が、「中森供述は、多くの証拠によって裏付けられている」と言っていた「多くの証拠」というのは、このようなレベルのものだった。中森の「現金贈賄」についての証言の

「裏付け」になるものでは全くなかったのである。

第3章　身柄奪還のための「人質司法」との闘い

我が国では、知事・市町村長等の首長の権限の濫用や業者との癒着等が「首長の犯罪」として摘発され、首長が地位を失う事件が過去にも多く起きている。当初から事実を認めて辞職した場合はもちろん、事実を否認した場合も、有罪判決の確定で公民権停止となれば、首長の職を失うことになる。

問題なのは、首長が犯罪事実を否認し潔白を訴えている場合でも、警察に逮捕され、検察官に起訴されると、「人質司法」の下での身柄拘束の長期化によって、市長職を務めることが困難となり、辞職に追い込まれてしまうことだ。それにより、警察・検察の逮捕・起訴の判断が、事実上、裁判所の司法判断と同等の機能を果たすことになる。

しかし、警察や検察の判断がすべて正しいとは限らない。自治体の首長に事実無根の犯罪の嫌疑がかけられることもある。地方自治体の住民が選挙で選んだ首長の地位が、司法判断によることなく奪われてしまうのは、地方自治の原則が警察権力によって踏みにじられるに等しい。

そのような、逮捕された現職市長を辞職に追い込む「人質司法」の構造は、美濃加茂市長事件でも基本的に変わらなかった。我々弁護団は、勾留《こうりゅう》決定に対する準抗告から始まり、勾留取消請求、保釈請求、これらの却下決定に対する準抗告など、身柄釈放に向けてあらゆる法的措置をとり続けた。その結果、8月23日に、4回目の保釈請求却下決定に対する準抗告が認容され、藤井市長は25日、逮捕後62日で釈放された。

62日というのは、藤井市長にとっても、美濃加茂市民にとっても、我々弁護団にとっても、長い道のりだった。しかし、日本の「人質司法」の現実の下、収賄で逮捕され全面否認している首長の身柄釈放としては、異例に早かったことは確かだ。それによって、藤井市長は、美濃加茂市民の下に戻り、その信任を得て市長職を継続することが可能になった。

本章では、藤井市長の事件において、「人質司法」を打ち破るべく我々弁護団がどのように闘ったか、それを裁判所（裁判官）がどのように判断したのか、市長の身柄奪還までの経過を振り返ってみたい。

被疑者はなぜ身柄を拘束されるのか

罪を犯したことが疑われる被疑者であっても、無条件に身柄拘束が認められるわけではない。逮捕・勾留による身柄拘束が認められるのは、①「逃亡のおそれ」があること、②「罪証隠滅のおそれ」があること、という二つの理由からだ。

逮捕は、48時間という短期間の身柄拘束である。通常、身柄拘束の理由・必要性が問題となるのは、逮捕に引き続いて、ある程度長期間の身柄拘束を行う「勾留」についてだ。

「逃亡のおそれ」を判断する要素は、まず事件の重大性と、予想される量刑である。例えば殺人事件で死刑か無期懲役が予想される場合に、「逃亡のおそれ」が極めて大きいことは明らかだ。一方、罰金刑や執行猶予が確実な事件であれば、「逃亡のおそれ」は相対的に小さい。

次に、被疑者の仕事や生活の状況が、「逃亡のおそれ」の判断材料となる。正業にも就かず住居を転々としている場合には「逃亡のおそれ」が容易に認められる。しかし家族がいて、社会的な地位もある会社員・公務員等の場合には「逃亡のおそれ」は相対的に小さい。「逃亡のおそれ」がなくても身柄が拘束されるのは、もっぱら「罪証隠滅のおそれ」があるという理由である。それはどのような場合にあると言えるのか。

被疑者自身が一貫して犯罪事実を認めている場合や被疑者がどんなに否認しようと動かぬ証拠がある場合は、証拠を隠滅しようがないのであるから、「罪証隠滅のおそれ」は小さい。一方、被疑者が犯罪事実を否認していて、しかも、決定的な証拠はなく、被疑者が参考人に口裏合せを頼んだり、物的証拠を隠滅したりすることで、有罪立証が困難になるという場合には、そのおそれがあることになる。

このように「逃亡のおそれ」と「罪証隠滅のおそれ」の二つの観点から被疑者の身柄拘束の必要性が判断されるが、一方で、身柄拘束はその被疑者自身の生活や関わっている活動や業務に重大な不利益を生じさせる。それによる不利益も勘案して慎重に判断されなければならない。

身柄拘束による不利益とは、一般的には、被疑者自身が身柄拘束を受けることによる生活上・職業上の不利益や被疑者の家族等への影響等の個人的な利害の問題である場合が多い。しかし、事件によっては、それが、個人の利害を超えて社会的な影響を生じさせる場合もある。

例えば、医師が犯罪を行った疑いで逮捕・勾留された場合、被疑者の個人的不利益のみならず、医師が身柄拘束されることによって、その診察・治療を受けている患者が重大な不利益を被ることもある。被疑者たる当該医師が犯罪を行った嫌疑が十分にあり、「罪証隠滅のおそれ」がないとは言えない場合であっても、当該犯罪の重大性、罪証隠滅の現実的可能性の程度如何《いかん》によっては、当該医師の診察・治療を受けている患者が被る不利益を考慮し、「勾留の必要なし」と判断される場合もあり得る。

地方自治体では議員とは異なり、首長は1人しかいない。現職の首長が逮捕された場合、長期間にわたる身柄拘束は市政に重大な影響を生じさせることになる。首長が犯罪の嫌疑を受けた場合の、「勾留の必要」の判断においても、「逃亡のおそれ」「罪証隠滅のおそれ」の有無・程度と、首長が不在であることが当該自治体の行政や住民に与える不利益の有無・程度が考慮されるべきだろう。

僅《わず》か30万円の収賄容疑で現職市長を逮捕する「非常識」

まず、事案の重大性という面から言うと、市長就任前である市議会議員時代の合計30万円の収賄の事実は、現職市長の逮捕に値する重大事案とは到底言えない。過去10年間の現職市長が逮捕された収賄事件を見ると、賄賂《わいろ》額は最低でも100万円、ほとんどは500万円以上で、しかも、市長就任前の前職での収賄で逮捕された例はない。

しかも、この事件では、市議時代に藤井氏が、業者の依頼を受けて浄水プラントを美濃加茂市に設置するよう尽力したことが30万円の賄賂の見返りとされているが、本人は、東日本大震災でのボランティア活動の経験等から、災害時の生活用水の確保の重要性を認識し、「災害対策として浄水プラントを設置することが美濃加茂市民のためになる」と考えて、市議会議員として設置に向けて積極的に活動していたことは認めている。市長就任後は直接関わることなく、業者と担当課長の間で浄水プラント設置についての話が続けられた結果、業者側が費用をすべて負担して実験プラントとして設置したもので、美濃加茂市の財政上の負担にもなっていない。業者にとって特に「便宜が図られた」わけでもなく、収賄罪の悪質性を根拠づけるものは何もない。

藤井市長の容疑事実は、現職市長の事件として重大・悪質な事件とは到底言えないことは明らかだった。

現職市長に「逃亡のおそれ」はあるのか

藤井市長の身柄奪還をめざして弁護人がとった措置に関して、明らかに「非常識」だったのが、勾留理由開示公判での裁判官の「逃亡のおそれ」に関する説明であった。

勾留理由開示公判というのは、勾留された被告人の「勾留の理由」を公開の法廷で示す手続だ。藤井市長の勾留決定に対する準抗告が却下された直後に弁護人は勾留理由開示公判を請求した。それが開かれたのが、勾留8日目だった。傍聴席には藤井市長を支援する多くの美濃加茂市民が詰めかけていた。

勾留状では、「逃亡のおそれ」が勾留理由の一つとされていた。裁判官席に座った若い裁判官は、人定質問で、被疑者の氏名・住居等を確認した後、勾留理由の説明を行った。その中で、「逃亡のおそれ」について、「被疑者の身上関係に加え、本件の性質等も考慮に加えますと、本件強制捜査を受けて一時その所在を隠すなどして逃亡すると疑うに足りる相当な理由があると認められました」と述べたのである。

しかし、選挙で美濃加茂市民の支持を得て市長に就任し、一貫して潔白を訴えている現職の市長が、市民を見捨てて逃亡することなどあろうはずがない。既に述べたように、犯罪の嫌疑が、凡《およ》そ重大・悪質と言えないことも明白だった。しかも、藤井市長は逮捕前から、警察にかけられた疑いについて「潔白を晴らす」と明言している。「一時その所在を隠すなどして逃亡する」ことなど考えられない。それを「疑うに足りる相当な理由がある」と言うこと自体が、余りに非常識で、美濃加茂市民にとっても到底納得できないものだった。

その裁判官は、任官して僅《わず》か半年の新米裁判官だった。市長が市民から選ばれて市政を担っているということが、実際にどういうことなのか、その市長を勾留し、長期間身柄拘束をすることが、市民や市政にどのような影響を及ぼすのか、ということは全く彼の頭になかったのであろう。一般的には、「独身・29歳の被疑者であれば、住居・職業が安定しないし、ふらふらとどこかに行ってしまう可能性がある」ということで「逃亡のおそれ」があると判断される。彼の頭の中には、そういう「教科書的な一般論」しかなかったのであろう。自分が勾留の決定をした被疑者が、どのような職業で、どのような境遇の人間なのか、若くても「美濃加茂市長」であり、美濃加茂市民を代表して市政を担っており、その市長が市民を見捨てて逃亡することなどあり得ないという、あまりに当然のことが全く理解できていなかった。そのために、多くの美濃加茂市民が詰めかける公開の法廷で、そのような常識外れの勾留理由を説明したのである。

「実体判断」重視、「手続判断」軽視

「人質司法」という日本の刑事司法の実態は、日本の裁判所が、基本的に、「実体判断」重視、「手続判断」軽視のシステムであることも影響している。

刑事事件についての裁判所の判断は、犯罪事実や情状について、証拠による事実認定や法律判断を行って判決を下すという「実体判断」と、逮捕状や捜索差押許可状等の各種令状の発布、勾留決定、保釈請求の可否の判断などの「手続判断」の二つに大別される。

一般的には、犯罪事実についての有罪・無罪の判断、或《ある》いは、死刑か無期か、実刑か執行猶予かの判断などの「実体判断」の方が、身柄拘束などについての「手続判断」より重要な場合が多いであろう。しかし、事件によっては、逮捕・勾留という身柄拘束自体が、最終的な判決内容より、被疑者自身やその家族に大きな影響を与える。藤井市長の事件がまさにそうであるように、被疑者の身柄拘束が、本人やその家族だけでなく、市長不在の状況を継続させることで市の行政に重大な影響を与えることもある。

しかも、勾留・保釈などについての判断は、「逃亡のおそれ」「罪証隠滅のおそれ」があるか否か、それがないとは言えない場合でも、そのおそれがどの程度あるのか、それと比較して、身柄拘束を継続することで被疑者個人や家族、社会に生じる不利益がどれだけ大きいのか、という事情を総合的に勘案して判断する必要があるが、それには、証拠による事実認定や法律判断だけではなく、人間の行動予測や社会的価値判断が求められる。

ところが実際には、「実体判断」と比較して「手続判断」は著しく軽視されている。実体審

理には、裁判官としての一定の経験年数が必要とされることになっており（判事補は、５年以上の経験を有する「特例判事補」でなければ、単独で裁判を行うことができない）、法定刑の重い事件については、十分な経験を有する裁判長を含む３人の合議体で裁判が行われるのに、「手続判断」については、裁判官としての経験年数は必要とされない。勾留や保釈について判断を行う裁判官の多くは、経験の浅い若い裁判官だ。特に、否認事件では、身柄拘束を継続して「人質司法」のプレッシャーで公判を有利に進めようとする検察官が、弁護人の請求に対して詳細に反対意見を書いてくる。裁判官は、検察官の意見をそのまま受け入れ、弁護人の請求を退けるということになってしまう。

そのため、結局、「手続判断」は、基本的に「検察官にお任せ」になってしまうというのが、日本の裁判所の現実であり、それが「人質司法」の悪弊につながっているとも言える。

「罪証隠滅のおそれ」で保釈に必死に抵抗する検察

勾留理由開示公判での「新米裁判官の非常識な説明」を、私がブログで痛烈に批判したせいか、それ以降、藤井市長の勾留については「逃亡のおそれ」という言葉は出て来なくなった。勾留の必要性、身柄釈放の是非についての判断は、「罪証隠滅のおそれ」があるか否かという点に絞られた。

収賄側が、賄賂の授受を全面否認している贈収賄事件では、立証事項や争点が多岐にわたり、様々な「罪証隠滅のおそれ」があるとされて、保釈は認められず、被疑者が長期間にわたって身柄拘束されるのが通例だ。

しかし、藤井市長の事件では、「罪証隠滅のおそれ」に関して、そのような一般的な贈収賄の否認事件とは異なる事情があった。争いがあるのは、中森と藤井市長の供述が真っ向から対立する合計30万円の「現金の授受」があったか否かだけだった。贈賄供述者の中森が目論《もくろ》んでいた美濃加茂市への浄水プラント設置については、藤井市長も、自分自身の震災ボランティアの経験から、美濃加茂市の防災対策として導入すべきと考えて、設置に向けての活動をしていたことを認めている。現金の授受以外の事実関係にはほとんど争いはなかった。

しかも、「現金の授受」についての関係者は、中森・藤井市長・同席者のT氏だけである。贈賄供述者の中森は勾留中で接触は困難であり、T氏は、警察から威迫的、恫喝《どうかつ》的な取調べを受けても、一貫して、「現金授受は見ていない。席を外していない」という供述を行っている。藤井市長の潔白を証明する供述をしているT氏は、それ以上に有利な方向へ供述を変更する余地はないのだから、T氏との関係での「口裏合せ」「働きかけ」などの罪証隠滅は考えられない。

要するに、この事件は、現金の授受があったのかどうかについて、裁判で、業者の中森と藤井市長の言うことのどちらが信用できるかを判断すれば良いという単純な話だった。市長不在によって市政に重大な影響が生じ、次章で述べるように、2万1000人を超える市民が早期釈放と市長職への復帰を求める署名をしているというのに、長期間にわたって藤井市長の身柄拘束を続けるのは明らかに不当だった。

しかし、証拠があまりに希薄なので、容疑を否認し続けると身柄拘束が続くという「人質司法」のプレッシャーで、藤井市長の無罪主張を封じ込めようと考えたのか、検察官は、藤井市長の保釈に必死に抵抗してきた。

起訴直後に行った保釈請求に対しても、「罪証隠滅のおそれ」があることを強調し、保釈に強く反対した。「被告人の供述が曖昧《あいまい》で、公判においてどのような主張をしてくるか不明」との前提で、被告人が保釈され市長に復帰すれば、上司・部下の関係となる美濃加茂市の防災安全課長に対して、浄水プラントの導入を働きかけた事実について自己に有利な働きかけを行うおそれがあるという点を、「罪証隠滅のおそれ」の具体的事由として強調していた。

このような事由を挙げて、検察官が強く反対すれば、経験の少ない若い裁判官には、それに反する判断を行うことは困難だ。起訴直後の第1次保釈請求が却下されたのは、そのような「人質司法」の構造の下では当然とも言えるものだった。

保釈獲得のための「積極的弁護活動」

そこで、7月末に行った第2次保釈請求では、起訴事実の認否について、「現金の授受」以外の点では、被告人供述と検察官が立証しようとしている関係者供述とがほぼ一致しているという資料を提出し、「罪証隠滅のおそれ」がなくなっていることを具体的に明らかにする方針で臨んだ。

一般的には、起訴されたばかりで、検察官から証拠が開示されていない段階では、弁護人には、そのような資料を提出することは困難だ。しかし、一致結束して市長不在の美濃加茂市を守ろうとしている美濃加茂市職員の協力が得られたので、市職員の関係者の供述内容を書面で確認することができた。

私は、藤井市長に代わって市長の職務を行っていた海老副市長に弁護活動への協力を求め、浄水プラント設置を担当した防災安全課長等の関係者に、「公務」として応じた警察・検察での聴取でどのような供述をしたのか報告を求め、書面にまとめて弁護人に提供することを依頼した。副市長は快諾してくれた。

美濃加茂市から市職員の関係者の供述内容に関する報告書を入手し、弁護人の接見の際に、その内容を藤井市長に説明した上、浄水プラント設置への関与について話を聞いた。担当課長の供述内容は、藤井市長の記憶と異なる点はほとんどないことが確認できた。藤井市長の供述内容については、「被告人供述録取書」を作成して確認の署名をさせ、担当課長の報告書の写しも添付して、保釈請求に関する資料として裁判所に提出した。

このように、保釈請求に当たって、弁護側から「被告人供述録取書」や、捜査段階での関係者の供述内容に関する報告書を提出して、「罪証隠滅のおそれ」がないことを明らかにするという方法は、検察官にとって、よほど「不都合なこと」だったのだろう、それに対抗して検察が行ってきたこと、そしてそれを受けて警察が行ったことは「反則ワザ」そのものだった。

弁護人が第2次保釈請求を行った直後、海老副市長から連絡があり、「愛知県警捜査第二課の警察官から電話がかかってきた」と伝えてきた。浄水プラントの担当課長の報告書について、「報告書を今手元に持っている」「なぜ提供したのか」と問い質《ただ》し、「大ごとにはせんから」などと言ってきたとのことだった。弁護人に報告書を提供したことが、警察の意向によっては「大ごと」になるかのような脅迫的な言い方で、弁護人に協力しないように求めてきたのだ。

なぜ弁護人が裁判所に提出した「報告書」が警察の手に渡ったのか。この「報告書」は、弁護人が保釈請求をするに当たり、独自の弁護活動によって収集し、被告人に「罪証隠滅のおそれ」がないことを疎明するために裁判所に提出したものだった。検察官が、裁判所からの求意見（裁判所が弁護人からの保釈請求に対する意見を検察官に聞く手続）に対応して意見書を書くために、その内容を参照するためのものだ。それを警察に提供するというのは、全くの「目的外使用」だ。

検察官から報告書の提供を受けた愛知県警捜査第二課の幹部は、美濃加茂市の副市長に対して、弁護人に報告書を提供した理由を問い質し、「大ごとにはせんから」などと脅迫してきた。それが、美濃加茂市職員が弁護活動へ協力することに対する不当な干渉に当たることは明らかだ。

美濃加茂市は、市長が、公務に関わる刑事事件で逮捕されたことを受け、市職員に対して、「公務」として勤務時間内に警察・検察の事情聴取に応じさせていた。事情聴取が「公務」である以上、その事情聴取の内容について、市が報告を受け、内容を把握するのは、当然のことだ。その内容を弁護人に提供しただけだ。

起訴前であればともかく、検察官が起訴した後は、検察官と弁護人とは、対等な立場で公判での攻撃防御《ぼうぎょ》を行う当事者だ。その一方の弁護人が、市に弁護活動への協力を求めてきたのであるから、美濃加茂市として、検察官に対しても、弁護人に対しても、同等に協力する判断を行うことに何ら問題はないはずだ。警察の側が、それに文句を言えるような筋合いは全くない。

検察が報告書を警察に渡したのは、その美濃加茂市の担当課長の報告書が、「弁護側の独自の弁護活動によって収集された証拠」との認識を欠いていたからであろう。それは、刑事事件のすべての証拠を独占してきた検察の「傲慢《ごうまん》さ」そのものであった。

裁判官は、検察への釈放嘆願の「取次窓口」か

しかし、結局、この第2次保釈請求も却下された。そして、その直後に公判前整理手続が始まった。8月12日の第1回公判前整理手続で、検察官請求証拠のうち、贈賄供述者中森の供述調書以外の検察官請求証拠にすべて同意することを書面で明らかにし、検察官立証に関する「罪証隠滅のおそれ」がなくなったことを明確にした上で、第3次保釈請求を行った。

ところが、検察官は、「弁護側請求証人に関して、被告人からの口裏合せ、証人への働きかけの可能性がある」などという意見を述べて、弁護人の立証活動を罪証隠滅行為と同視するような理屈で保釈に強く反対した。裁判官は、その検察官の意見を受け入れて、保釈請求を却下した。

そこで、弁護人が立証しようとしている証言に関して、すべて供述録取書、陳述書を作成して、主張を具体化した上、検討中だった証人申請の一部については行わないことを明言した上で第4次保釈請求を行った。

その保釈請求を担当した「若手裁判官」は、弁護人との面接で驚くべき発言をした。「市役所職員に対する影響力の行使の点につき、弁護人の主張が具体化されていないことを検察官が懸念している」「請託の有無に対する弁護人の主張が具体化されていないことを検察官が懸念している」「主張を具体化したら、検察官も相当意見（保釈に反対しない意見）を書くのではないか」などと言った。要するに「罪証隠滅のおそれ」についての「検察官の懸念」がなくな

ることが保釈の条件だと考えているということなのだ。

弁護人は、主張が十分に具体化されていることや、具体的な罪証隠滅の態様が想定できないことなどを説明した。それに対して、裁判官は「検討する」と言っていたが、その僅か20分後に保釈請求却下決定が出た。最初から「検察官の意見に従うこと」しか頭になく、裁判官として独自の判断を示す意思がなかったとしか考えられない。

裁判官が検察官の意見に従うのも、検察官が、捜査を行った上で処分を決める判断者でもある起訴前の段階なら、まだ理解できないわけではない。しかし、起訴後は、検察官は、既に公訴を提起し、その事件の公判で立証を行う一方当事者だ。否認事件であれば、有罪か無罪をめぐって、弁護人と対等に主張・立証を行う立場になっているのである。この場合、被告人の身柄拘束について判断を行う裁判官にとって、当事者としての検察官の意見は、単なる「判断の参考」に過ぎないはずである。

「検察官が懸念している」「〜すれば検察官も相当意見を書くのではないか」などという言葉からすると、その裁判官は、もはや「判断者」ではなく、「検察官に釈放を嘆願する取次窓口」でしかなかった。

逮捕から62日での身柄釈放

この第4次保釈請求却下決定に対して行った準抗告に対して、地裁の3人の裁判官による保釈許可が決定された旨の連絡が入ったのは、8月23日午後10時過ぎだった。

6月24日の逮捕以来、①勾留決定に対する準抗告、②勾留延長に対する準抗告、③勾留取消請求、④その却下決定に対する準抗告、⑤同棄却決定に対する最高裁への特別抗告、⑥第1次保釈請求、⑦第2次保釈請求、⑧その却下決定に対する準抗告、⑨第3次保釈請求、⑩第4次保釈請求と10回にわたる弁護人の身柄釈放を求めるアクションは、ろくな証拠もなく「人質司法」に頼って否認を抑え込むしか手段がない検察・警察の「必死の抵抗」もあって、ことごとく却下・棄却されてきた。しかし11回目でようやく裁判所の「最低限の良識」が示されたのである。

第4章　市長の政治生命を守った〝市民の圧倒的支持〟

序章でも述べたように、収賄で逮捕された首長は、ほとんど例外なく、首長としての政治生命を失う。ところが、藤井市長は、〝全国最年少市長（2017年1月に28歳の東修平氏が大阪府四條畷市長に当選し、全国最年少となるまで）としての政治生命〟を維持し続け、逮捕から3年半を経過した現在も市長職にあり、美濃加茂市政を担い続けている。それは、〝若き市長〟に対する市民の圧倒的な支持を維持することができたからである。

藤井市長は逮捕の約1年前の市長選挙で、激戦の末、自民党推薦候補を破って初当選を果たした。しかし、対立候補を支持した市議会の「反市長派」や、市長就任後に前市長時代の政策を見直したことに反発する勢力もあり、その政治的基盤は、決して揺るぎないものではなかった。市長逮捕の背景に、政治的策謀を疑う市民もいた。

そうした中で、逮捕された市長を引きずり降ろそうとする動きに対抗することは、決して容易ではなかった。それを可能にしたのは、市長選挙で「全国最年少市長」を誕生させる原動力となった、市長の親しい知人・友人で構成される選対本部のメンバー、後援会組織、そして、市長の部下である美濃加茂市役所職員が、一致結束して、市長を守る活動を続けたことだった。加えて、弁護人側も、そのような美濃加茂市側の動きと緊密に連携し、藤井市長の潔白の訴え、逮捕容疑には重大な疑問があるとの弁護団側の認識を美濃加茂市民の間に広く浸透させていった。

市長の親友の渡辺健太氏は、市長が身柄拘束されている名古屋と美濃加茂市の間を頻繁に行き来し、弁護人と支援者との連絡役となった。市長選でも選対本部長だった理容店の大野満氏《おおのみつる》は支援活動の取りまとめ役、市内の太田《おおた》病院の佐々木《ささき》裕茂《ひろしげ》院長は後援会の代表として、藤井市長への支持・支援の輪を広げ、対外的活動の中心を担った。

そのような活動の結果、多数の美濃加茂市民が藤井市長の潔白を信じ、支持し、早期釈放を願っていることを、「膨大な数の市民の署名」という形で世の中に示すことができた。それが、反市長派の市議会議員に対する強い牽制《けんせい》にもなった。彼らは、藤井市長を支持する市民の反発を恐れ、辞職を求める動きを顕在化させることができなかった。

「全国最年少市長誕生」の時点に遡《さかのぼ》り、市長逮捕が、美濃加茂市の政治状況にどのような影響を与えたかを考えてみよう。

「全国最年少市長」の誕生から逮捕まで

藤井浩人氏は、名古屋工業大学を卒業後、同大大学院に進むが、途中で辞め、美濃加茂市内の学習塾で子供達を教えていた。そして２０１０年10月の美濃加茂市議会議員選挙に初めて立候補して当選、26歳で市議会議員となった。

2013年4月に、渡辺直由《わたなべなおよし》市長が末期がんと診断され、退任を表明したことを受け、同年5月に市長選への立候補を表明、6月2日の市長選挙で、自民党推薦の対立候補を破って当選し、28歳で、全国最年少の市長となった。

藤井市長就任時の美濃加茂市議会は、市長選で自民党推薦候補を支持した議員や共産党議員等反市長派が多数を占めていた。

藤井氏は、市議会議員だった2011年に東日本大震災の災害復旧ボランティアに参加した際、大地震等の災害時に生活用水を確保することの重要性を認識した。2013年3月に、それ以前から知り合いだった政策コンサルタントのT氏に、株式会社スイゲン（以下、「スイゲン」）を経営する中森を紹介され、同社が手掛ける自然循環型雨水浄水プラント（濾過《ろか》機と太陽光パネルを組み合わせ、災害時、電気・水道の供給が止まった際の生活用水を確保するための防災設備。以下、「浄水プラント」）を知り、美濃加茂市に防災対策の一環として導入すべきだと考え、市の防災安全課等に働きかけるなどしていた。

同年6月に藤井氏が市長に就任した後、同市の担当の防災安全課が、中森との協議や検討を重ねた結果、7月末に、美濃加茂市立西中学校のプールに、費用はすべてスイゲンが負担して、実証実験として浄水プラントを設置する契約を締結し、8月に、浄水プラントが設置された。

その後、翌2014年2月に、スイゲン社長の中森が金融機関に対する融資詐欺で警察に逮捕されたことを受け、美濃加茂市は4月、事業を提案する会社の経営状況などを調べる「コンプライアンス審査会」を新設した。市議会では、6月13日の一般質問で、共産党市議団などから、詐欺で逮捕されるような業者の浄水プラントを市立中学校に設置したことについて市長を追及する動きもあった。

市長逮捕を受けての反市長派の動き

藤井市長は、市長選で当選した後に自民党に入党していたが、自民党岐阜県連は、藤井市長の逮捕を受け、即日、除名した。

「全国最年少市長」が逮捕されたことで、「その若さが落とし穴になった」「未熟だった」との指摘もあったが、美濃加茂市民の間では、市長の若く清潔なイメージ、人柄から「逮捕は信じられない」「市長の潔白を信じたい」という声が大きかった。

市長が容疑事実の賄賂《わいろ》の授受を全面否認していることは、弁護人から副市長に伝えられ、部長会にも報告された。海老副市長は、逮捕の翌日25日の記者会見で、「市長は、金銭授受は一切ないと公言しており、潔白だと思っている」と述べた。

当時の美濃加茂市議会は、前年の市長選挙で、自民党推薦候補の選対本部長だった森厚夫議員が議長を務めていた。逮捕後、市長が容疑を全面否認していると報じられていたこともあって、25日に全員協議会を開き、「市議会としても、情報収集に努め、市執行部との連携を図りつつ対処する」との議長声明を出すにとどめた。森議長は、「潔白を信じたいというのが大方の議員」と説明した。

私が、藤井市長の弁護人を受任したのは、その日の夜だった。

市長の政治生命を守る弁護活動

現職市長が汚職事件で逮捕、しかも、それが「全国最年少市長」ということになると、社会の注目度も高い。

通常は、被疑者が逮捕された事件については、警察・検察側の情報による報道が一方的に流布される。その一方で、逮捕され身柄を拘束されている被疑者の側が、逮捕容疑を否認し、無実・潔白を主張していても、それを直接訴えることはできないし、犯人であること、有罪であることを前提とするような報道に反論することもできない。

報道によって、世の中に、特に、美濃加茂市民の間に、「藤井市長は収賄の犯罪者だ」というイメージが浸透してしまえば、あっと言う間に市民の市長への信任は失われ、市長の座から追い落とされることになる。

このような事件の弁護人としては、刑事手続において、無実を明らかにするための本来の弁護活動をしていくことだけでなく、「逮捕された美濃加茂市長は潔白を訴えていること」が世の中に少しでも認識され、理解されるよう情報発信をしていくことが必要だった。

第3章でも詳述したように、弁護人として、身柄拘束に関しては、勾留《こうりゅう》取消請求却下に対する準抗告、最高裁への特別抗告など、あらゆる措置をとった。そして、そのような弁護人としてのアクションをとる度に、記者会見を行った。

私の場合、幸い、コンプライアンスの専門家としての活動や、序章で述べた、刑事事件に関する元検事の識者としての活動もあり、マスコミ関係者からの認知度は高かった。ツイッターのフォロワーは、当時でも5万を超え、個人ブログ「郷原信郎が斬る」は、ニュース・ブログサイト「BLOGOS」や「ハフィントンポスト」に転載される。ブログ掲載を告知する私の事務所メルマガの読者が約５０００人、その中にも、相当な数のマスコミ関係者が含まれていた。

弁護人の私は、藤井市長が潔白を訴えていること、収賄の容疑に関しては、同席者が現金授受を目撃しておらず、離席も否定していることなど重大な問題があることを、ツイッター・ブログや、インターネット番組（ニコニコ生放送）などで発信し、「藤井市長の潔白」の訴えを、逮捕当初から、マスコミを通じて世の中に広めていった。

しかし、そのような私のブログ・ネット番組での発信が、いくらマスコミ関係者に広く認識されても、それが美濃加茂市民に認識されなければ、市長の政治生命を守ることにはつながらない。重要なことは、藤井市長が潔白を訴えていること、その収賄の容疑に重大な問題があることを、市民に知ってもらうことだった。

私のネットを通じての発信を美濃加茂市民に広めてくれたのは、藤井市長と個人的にも親しい後援会のコアメンバーだった。彼らを通じて、私のブログでの発信が市民に伝えられ、大量に印刷されて、多くの市民に読まれた。それが、警察の逮捕を疑問視し、藤井市長の潔白を信じ、早期釈放・市長職復帰を望む美濃加茂市民の動きにつながった。

しかし、刑事事件の中身、刑事手続・刑事裁判のことなどは、一般人にはなかなか理解し難い。刑法的・刑訴法的な専門用語で行う弁護人の主張を、そのまま世の中に発信しても、理解してもらうことは容易ではない。事件に関する発信には、テーマ性が必要であり、印象的なフレーズを用い、わかりやすく伝える必要があった。

「潔白を晴らす」という言葉の意味

私が、藤井市長の逮捕の翌日の6月25日に初めて接見し、27日に出した最初のブログ記事のタイトルが【全国最年少市長の「潔白を晴らす」】だった。

この「潔白を晴らす」という言葉は、日本語的にはおかしい。正しくは、「潔白を明らかにする」か「疑いを晴らす」だろう。しかし、私は、接見室で、藤井市長と最後に交わした「潔白を晴らす」という言葉を、敢《あ》えて、私が弁護人として行おうとしていることを表現する言葉として使うことにした。

警察・検察に犯罪の容疑をかけられ、逮捕までされた被疑者が無実だと訴え、その疑いを晴らそうとするのであれば、本人や弁護人が、潔白を「明らかにしていくこと」「証明すること」をしなければならない。逮捕された人物は、通常、世の中からは「犯罪者」と見られるので、その見方を覆すためには、「本来は間違いないはずの警察や検察の認定」が誤っているという「例外的な事例」であることを、本人や弁護人が「証明しなければならない」というのが世間の一般的な認識だ。そして、ほとんどの事件で、警察・検察の権限と圧倒的な権力の前に、「潔白の証明」は失敗し、有罪という結末に至るのである。

藤井市長については、そういう「世間の常識」に従って、「潔白」を「明らかにする」「証明する」ことが必要なのではなく、むしろ、「潔白」は「当然に明らかになるべきこと」なのだ、ということを表現するために、私は敢えて、日本語的には誤っている、「潔白を晴らす」という言葉を使うことにした。

実は、「潔白を晴らす」という言葉は、逮捕前に、警察の動きを受けて、マスコミの取材を受けるなどしていた藤井市長が、逮捕直前に、ツイッターで「収賄なんて、事実無根なので、しっかり捜査には協力し潔白をはらしたいと思います！」と書いていたのが最初で、もともとは藤井市長の「造語」だった。しかし、藤井市長が「潔白を晴らす」と言っていたので私が同調したというのでは、「藤井市長の日本語の誤り」の方が強調されることになりかねないので、私は、ブログでは、敢えて、「潔白を晴らす」という言葉が、藤井市長がやるべきこと、そして、私が弁護人として行おうとしていることにぴったり当てはまると考えて、私自身が、「潔白を晴らす」という言葉を使うことにしたと説明することにした。

最初の接見の後の記者会見で、私は最後の言葉を「藤井市長の潔白を晴らしていきたい」という言葉で締めくくった（記者会見での私の言葉を報じる新聞記事には、そのまま「潔白を晴らす」と書いたものと、日本語的におかしいからなのか「潔白を明らかにしていきたい」と修正して書いたものとがあった）。

そして、翌々日に、美濃加茂市長事件について初めて書いたブログのタイトルに使った上、その中で、次のように書いた。

しかし、私には、接見室で、仕切り板を隔てて座っている若き市長の姿、表情を見て、そして、彼の「私は絶対に現金など受け取っていません」とはっきり言い切る言葉を聞いて、その疑いを晴らすための「証明」などという大仰なことが求められているとは思えなかった。

警察の何かの見立て違い、誤解が重なり、その誤りを正す警察組織内のシステムが機能せず、そして、そのような警察捜査の暴走を抑制する立場にある検察が本来の役割を果たさなかったために、若き市長の周りに「収賄の疑い」が、どんよりと雲のように漂っているだけであり、我々がやるべきことは一刻も早くその雲を「晴らしてしまうこと」だ、としか思えなかったのだ。

その瞬間に、私の口から自然に出たのが「潔白を晴らす」という言葉だった。「潔白」は当然のことであり、我々が行うべきことは、その「潔白」を覆い隠そうとしている雲を吹き飛ばし、彼の「潔白」が「晴れわたった空」のように、誰にもはっきりと見えるようにすることだ。そういう私の思いは、「潔白を明らかにする」という「正しい日本語」では表現できなかった。

このブログ記事は、BLOGOS、ハフィントンポストに転載され、多くの読者に読まれ、大きな反響を呼んだ。

新米裁判官の「逃亡のおそれ」に関する説明

第3章で述べたように藤井市長の弁護団は、勾留決定後ただちに、公開の法廷で、勾留の理由を示す手続である「勾留理由開示公判」の開催を請求した。勾留理由を開示すると言っても、実際には、「逃亡のおそれ」「罪証隠滅のおそれ」等について、型どおりの抽象的な説明が行われるだけだ。

しかし、その場には、勾留されている被疑者も出廷し、意見陳述を行うことができる。身柄拘束され、接見禁止となっている藤井市長が、公開の法廷で、傍聴人に対して、自らの弁解や主張を述べる貴重な機会だった。

藤井市長の勾留理由開示公判は7月4日に開かれた。藤井市長も出廷し、傍聴席に詰めかけた多くの美濃加茂市民の前で、弁護人から被疑者の藤井市長に質問を行い、勾留の理由とされている犯罪の事実がないこと、逃亡のおそれも、罪証隠滅のおそれもないことを訴えた。

その勾留理由開示公判に関して出したブログのタイトルが、【現職市長に「逃亡のおそれあり」として勾留決定をした任官後半年の新米裁判官】だった。

藤井市長の勾留理由には、「逃亡のおそれ」が含まれていた。勾留理由開示公判において、任官間もない若い裁判官から「本件強制捜査を受けて一時その所在を隠すなどして逃亡すると疑うに足りる相当な理由があると認められ」という説明が行われたことを、「非常識な、美濃加茂市民に対しても非礼極まりない判断」と批判した。

「現職市長の身柄拘束の是非」という市民にとっては重大な問題が、司法の場でいかに軽視されているかを訴えるための印象的フレーズとして、あえて「任官後半年の新米裁判官」という言葉を使ったものだった。

早期釈放を求める市民の署名

藤井市長の早期釈放を求める署名活動の最初は、藤井市長と同じ中学校の出身者等による、インターネットを通しての署名活動だった。6月29日に始まり、3日間で3000人以上の署名が集まったと報じられた。

その記事を見た私は、渡辺健太氏に、署名活動を美濃加茂市で、市民を対象に行ったらどうかと提案した。後援会の動きは、素早かった。7月6日から7日にかけて、美濃加茂市内で署名活動が行われ、代理署名も含めて1万5000人を超える市民の署名が集まった。

このような藤井市長の早期釈放を求める動きが盛り上がったことは、反市長派が多数を占める市議会の動きにも大きな影響を与えた。市議会議員は、市長を支持する市民の反発を招くことを恐れ、表立って市長に辞職を求める声を上げることはなかった。

勾留満期前日の7月14日には、美濃加茂市文化会館で、開催された集会には1000人を超える市民が集まった。弁護人の私は、「市長の言葉、彼の姿勢を見た時から、潔白であることは間違いないことを確信した」と述べた上、藤井市長の事件について、同席者T氏の供述等から、証拠的にも、藤井市長の収賄の事実はあり得ないことなどを訴えた。

市長起訴を受けての市議会の動き

7月15日に藤井市長が起訴され、その直後に弁護団の記者会見に臨んだ。そこで予想されたのが、起訴されたことを受けて、辞職の意向の有無について質問してくることだった。「市長は辞職しない意向」と答えれば、「市長は起訴されても辞職せず」と記事で大きく取り上げ、批判を展開してくることは必至だ。それ以前の会見でも記者が市長に辞職の意向があるかどうか聞いてくることがあった。私は、「接見では、市長との間で、辞職の話など全くしていない」と答えていた。しつこく質問してくる記者には、「本人も潔白だと断言し、弁護人の私も潔白だと信じているのに、辞職の話をする必要など全くない」と一蹴した。

起訴を受けた会見でも、「市長とは辞職に関する話は全くしていない」という答えで通した。そのため、新聞でも、辞職に関する藤井市長の意向については全く書くことができなかった。

市議会では、市長の現状や市政への影響などについて市当局から説明を聞き、対応を協議していたが、「市長が起訴された以上、辞職勧告決議をすべきだ」とする声は、ほとんど出なかった。結局、進退についての市長の意向が示されていないので、それを確認するのが先決という話になったようだ。

一方、藤井市長の後援会「藤井浩人を支える会」は、7月17日から、藤井市長の早期釈放と市長職への復帰を求める署名活動を開始した。私のブログによる発信、起訴直前の「藤井市長事件を考える会」での市長の潔白の訴え等の効果もあり、市長が起訴されても、美濃加茂市民の圧倒的多数が、市長の潔白を信じ、早期復職を希望している状況に変化はなかった。

前回の署名1万5000人余を大幅に超える2万1154人(代理署名を含む。美濃加茂市の人口の中で対象となる年齢層4万5959人の約46%に及ぶ)の署名が集まり、再度の保釈請求の資料として裁判所に提出した。

起訴後も市長の早期釈放を求める美濃加茂市民の声が一層高まる中、9月に市議会議員選挙を控えていたこともあり、市議会側からは、辞職を求める声が上がることはなかった。

森厚夫議長から藤井市長宛ての書面

7月25日、美濃加茂市議会議長森厚夫氏から弁護人に「藤井浩人市長の進退にかかる真意について」と題する書面が届いた。進退についての市長の意向を確認してほしいという内容の文書だった。

そこには、「市長不在の影響は徐々に増加しており、一部の事業は休止及び延期するなどの事態が発生し行政の停滞は避けられない状態となっています」などと記載され、「行政の最高責任者として自らの進退について、率直な考え方を本市議会に対し明らかにされることを求める」と書かれている。文書の内容は、その後マスコミでも報じられた。

文書の趣旨・真意を確かめるために、森議長と電話で話をした。

「市長不在で市政に重大な影響が生じていることはわかりますが、多くの市民が、市長の潔白を信じ、早期釈放を求める署名までしているわけですから、市議会としては、まず、現在、市長の刑事事件がどういう状況にあり、今後、どういう手続が予定され、保釈請求の予定や見通しはどうなのかなどを弁護人にお聞きになるものかと思っていましたが、そうではなく、いきなり弁護人に藤井市長宛ての進退の意向伺いの文書が送られてくるとは思いませんでした。刑事手続や保釈の見通しなどについては、お聞きになるつもりはないのですか」

と私が言った。森議長は、

「そういうことについては市から全く情報が入らないので」

と答えた。

「弁護人の私に聞いて頂ければ、お答えします。そういう刑事手続や保釈の見通しについても、別途、お話しするという前提で、今回の進退意向伺いにご協力するということでよろしいですか」

と尋ねると、森議長は、

「はい。結構です」

と言っていた。

しかし、その後、森議長からは、刑事手続の状況や保釈等の見通しについての質問は全く来なかった。

質問状は、藤井市長に差入れて読んでもらい、市長の回答を弁護人が聞き取って、弁護人名の文書で、市議会に伝えることにした。

その後の接見の際に、進退意向伺いに対する藤井市長からの回答を記載した弁護人宛ての手紙を受け取り、それを弁護人名の回答文にして、森議長宛てに郵送し、記者会見を開いて、その市長の手紙の内容を公表した。次のような文面だった。

私は、6月24日に収賄事件で逮捕され、7月15日に起訴されましたが、疑われているような中森良正氏から現金を受け取った事実などは全くなく、潔白です。取調べに対しても、一貫して、現金の受領はなく、無実であることを訴えています。

そういう私を、多くの美濃加茂市民の方々が支持し、潔白を信じて、私の早期復職を望んでくださっていると聞いています。起訴後も、2万1000余の方々が署名をしてくださっていると弁護人から聞いており、私を信じ、市長への復職を待ってくれている多くの市民の方々に心から感謝の気持で一杯です。

今回、森厚夫議長から、進退について率直な考えを聞きたいとのお尋ねを受けましたが、こういう状況ですので、私は、市長を辞任する意思は全くありません。一日も早く、市長職に復帰して、美濃加茂市民の方々のために働きたいと強く願っています。

弁護団の先生方が私を支え、私の保釈に向けて懸命の活動をしてくださっています。今日にも、2回目の保釈請求が行われるそうですし、近く検察官の証拠も開示され、8月中旬には公判前整理手続が開かれて争点整理が行われる予定と聞いています。

私は、現金を受け取った事実が全くありませんので、当時、浄水プラントの導入に向けて市議として活動を行ったことなどについて、特に争うつもりはありません。弁護団の先生方には、裁判での争点を最小限に絞って、少しでも早く保釈が許可されることをめざす方針をとってもらっています。

長期にわたる市長不在のため、市民の方々や市役所職員の方々、そして市議会議員の方々には、大変な迷惑をおかけし、本当に申し訳なく思っていますが、今しばらく、私の市長復帰を待って頂くようお願い申し上げます。


森議長からの文書に対する市長の回答文書は全て公開された。その内容は、その後の弁護活動にとっても、市長を辞職に追い込もうとする市議会の勢力への対抗策に関しても、大変好都合だった。

まず、市長不在による市政への影響が一層深刻化していることが市議会議長の文書で明らかになり、美濃加茂市政への影響という面から、早期保釈が必要であることを強調する上でプラスになった。

また、藤井市長自身の文書で、「辞任する意思は全くなく、市長職への復帰をめざしていく強い意向である」ということを明確にすることができた。

そのような市長の意向を、圧倒的多数の市民が支持し、市長の潔白を信じて、早期釈放・市長職復帰を望んでいるのである。市議会議員の側も、その意向を無視することは到底できなかった。

森議長は、弁護人の私に、刑事手続や保釈請求の予定などについても尋ねると言っておきながら、全く何の問合せもしてこなかった。保釈の見通しが立たず、身柄拘束はさらに長期化するという前提で、市議会で「辞職勧告決議案」を成立させようと考えていたので、弁護人から早期保釈で市長職に復帰するとの見通しを聞かされるのは不都合だったのであろう。

意味不明の「問責決議案」

美濃加茂市議会の対応は、その後も方向性が定まらなかった。

7月31日には、会派代表者会議が開かれたが、2万人を超える市民からの早期保釈を求める嘆願署名で示された市長への信任を無視することはできなかった。市長の進退に対する議会の対応については、「見守るべき」という意見と「けじめをつけるべき」という意見が出されただけで、不信任案や辞職勧告決議などの意見は全く出なかった。

藤井市長の後援会「藤井浩人を支える会」は、市長の早期釈放と市長職復帰への協力を求める要望書に嘆願署名の写しを添付して市議会議長に提出した。森議長は、辞職勧告決議案の方向には、ますます動きにくくなった。

8月12日には、公判前整理手続が始まった。第3章でも述べたように、弁護人は、早期保釈のため、争点に関係がない証拠は可能な限り取調べに同意することで、「罪証隠滅のおそれ」を否定する戦略で臨んでいた。3回目の保釈請求は却下されたものの、藤井市長の保釈が実現する可能性は高まりつつあった。

8月19日の市議会で、反市長派の会派から藤井市長の「問責決議案」が提出され、可決された。しかし、その内容は「市長の犯罪」ではなく「市長の長期不在」を問題にし、「不在がこれ以上長く続くことは、市政の停滞と混乱を来し、対外的な信頼をも損なうものであり、二元代表制の一翼を担う市議会として見過ごすことはできない」というもので、市長に一体何を求めているのか意味不明だった。

その問責決議案可決を報じる中日新聞の記事に、美濃加茂市内で市民に市長の進退についての意見を聞いた調査結果が掲載されていた。有権者約100人に聞いたところ、「市長を続けるべきだ」が62人に対して、「早く辞めるべきだ」は21人。回答者のうち約75％の市民が、藤井市長の続投を支持していたのである。市長に批判的な記事が多かった中日新聞が行った調査でのそのような結果は、起訴された後も、美濃加茂市民が藤井市長を圧倒的に支持していることを示していた。

問責決議案が可決された4日後の8月23日に、市長の保釈許可決定が出た。25日には釈放され、美濃加茂市に戻った。

その日から、被告人の立場にありながら市長の職責を果たす長い日々が始まった。

困惑したのが、その直前に意味不明の「問責決議案」に賛成した議員達だった。「問責」に賛成しているのだから、復帰した市長が出席する議会での退席など、何らかの対応をするのが本筋だった。しかし、圧倒的多数の市民が保釈された市長を温かく迎え、引き続き市政を委《ゆだ》ねようとしている状況で、水を差すような行動をとることもできない。結局、「問責決議案」は宙に浮いた形になった。

反市長派議員達が期待した「有罪判決」

藤井市長の保釈から1ヶ月近く経った9月21日に、美濃加茂市議会議員選挙が告示された。市長派の議員は、藤井市長が潔白を訴え裁判を闘いながら市長を続投することへの全面的支持を打ち出した。一方、反市長派の最大会派「新生会」所属議員は、問責決議案に賛成した候補者ですら、「藤井市長は辞職すべき」との意見は言わず、事件に関する市長批判は封印した。そのため、市長続投の是非は、市議選の争点から外れる形になった。28日に行われた選挙の結果、市長支持派が大幅に得票を伸ばし、市長への信任が再確認されることになった。

それ以降、反市長派の議員は、刑事事件に関する市長批判は行わなかった。一審で有罪判決が出るのを待って、藤井市長を市長の座から引きずり降ろそうという考えだったようだ。現職市長の収賄事件で無罪判決が出ることはないと予測していたからであろう。

そういう反市長派の議員達にとって翌年3月5日の藤井市長の一審判決は、驚愕の結果だった。議長室で名古屋地裁前からのテレビ中継を食い入るように見ていた議員達が目にしたのは、裁判所から駆け出してきた支援者が持つ「無罪」の垂れ幕だった。彼らが言葉を失い、その映像を呆然《ぼうぜん》と見つめている様子が、テレビで映し出されていた。

その判決から、1ヶ月近く経った4月3日告示の統一地方選挙では、岐阜県議会議員選挙の美濃加茂市選挙区に、藤井市長が逮捕された時の市議会議長だった森厚夫氏が、議員を辞職して立候補した。しかし、議長としての藤井市長への対応で市民の反感を買っていたこともあり、現職県議に大差を付けられて敗れた。

一審無罪判決で、美濃加茂市民の藤井市長の潔白への確信と市長への信任は一層強固なものとなった。それは、検察が控訴したことで揺らぐものではなかった。

反市長派「新生会」は、中心人物だった森厚夫氏の辞職、県議選での敗北で、反市長の姿勢を完全に放棄し、美濃加茂市議会は、共産党議員2名以外は、藤井市長にとってオール与党体制となった。

第5章 「有罪視報道」にどう立ち向かったか

「何人も有罪と宣告されるまでは無罪と推定される」という「推定無罪の原則」は近代法の基本原則であり、警察に逮捕され、検察に起訴されたというだけで「犯人扱い」してはならないのは当然だ。しかし、実際には、有罪率99・9%という日本の刑事司法の現実の下で、逮捕の段階から、被疑者が犯人だという前提で、その被疑者に関する様々な事実が報じられることが「犯人視報道」として報道倫理上の大きな問題とされてきた。藤井市長の事件の場合は、殺人事件のように「犯人性」が問題になっているわけではなく、そもそも、逮捕事実である贈収賄の犯罪自体が存在しなかったというのが被疑者側の主張なので、それとの関係では、「有罪視報道」と呼ぶ方が正確であろう。

現職市長が汚職事件で逮捕、しかも、それが「全国最年少市長」ということになると、社会の注目度も高い。逮捕直後の報道は、警察・検察側からリークされた情報に基づくと思える「有罪視報道」一色だった。

そうした中で、多くの美濃加茂市民が、警察の逮捕を疑問視し、藤井市長の潔白を信じ、市長が早期に釈放されて市長職に復帰することを望む状況を維持するために、弁護人として「有罪視報道」に立ち向かっていかなければならなかった。

前章で述べたように、私は、「逮捕された美濃加茂市長は潔白を訴えていること」が世の中に少しでも認知され、理解されるよう、ツイッター・ブログ等で情報発信をしていった。それは、「有罪視」に偏ったマスコミに、事件の内容や証拠構造を正しく認識されるようにするためでもあった。

その上で、個々の報道について、報道の内容に誤りがある場合、報道倫理上の問題がある場合には、指摘や抗議をしていった。

「有罪視報道」の中身

藤井市長が中森からの現金授受を全面否認していることは、弁護人側が記者会見等で繰り返し述べていたので、マスコミ側も当然認識していたはずだ。しかし逮捕直後から、そのように被疑者が一貫して否認している「現金授受」が、あたかも事実であったかのような「有罪視報道」が行われていた。それに関連して報じられていた具体的事実は、次のようなものだった。

① 中森容疑者が藤井容疑者に10万円の現金を渡したと供述している日に、同額が口座から引き出されていた

② 中森容疑者は、「ある人に金を渡さないといけないから、金を貸してほしい」と依頼し、知人から50万円を借りて、そのうち20万円を藤井容疑者に渡した

③中森容疑者が、藤井容疑者が市長に就任した後も設備導入に便宜を図ってもらうために、藤井容疑者の陣営に知人男性を1ヶ月派遣して泊まり込みで選挙運動の手伝いをさせ、旅館代金等の滞在費や活動費などを負担していた

④中森容疑者が男性に藤井容疑者の私設運転手をさせていた

⑤藤井容疑者は、メールで、担当課長に、設備導入を促していた

⑥藤井容疑者と担当課がやり取りしたメールが、業者にそのまま送信されていた

これらは、すべて警察が捜査で収集した証拠の内容と概《おおむ》ね一致している。第2章で述べたように、警察は、「中森供述は、多くの証拠によって裏付けられている」と言って、藤井市長逮捕の正当性をマスコミに説明しているようだった。その「中森供述の裏付け」として、警察側がマスコミに提供していたのが、このような内容であった。

これらの事実のうち多くは、その後、検察が公判で、現金授受についての中森供述の裏付けとして主張したが、実際には、中森供述の裏付けとしての証拠価値は認められなかった（一審無罪判決だけではなく、控訴審判決でも、証拠価値が認められているものはほとんどない）。

それにもかかわらず、マスコミは、これらの情報を、警察側から提供されるまま、藤井市長を「有罪視」する根拠であるかのように垂れ流していたのである。

「対等報道」の要請

藤井市長の弁護人として、警察からの情報によると思える「有罪視報道」以上に重視し、報

道各社に再三にわたって要請したのが、裁判報道において、検察側の主張と弁護側の主張とを対等に扱うこと、すなわち「対等報道」を行うことだった。

特に、贈賄の事実を認め、全く事実を争わない中森自身の公判は、事実審理が行われることなく犯罪事実が認定されて有罪判決が言い渡されるのが確実であり、「藤井市長への贈賄事実」についての検察官の冒頭陳述の内容や有罪判決が過剰に報道されると、世の中に、藤井市長の収賄事件も有罪であるかのような印象や裁判の見通しについての予断を与えることになる。そこで、藤井市長の公判期日だけではなく、中森の公判期日の前後にも、その裁判報道について「対等報道」のルールを守るようマスコミ各社に強く要請した。

9月8日に中森、9月17日に藤井市長の第1回公判が開かれた。その際、先に中森公判での検察官の冒頭陳述が詳細に報道され、中森が、その事実を全面的に認めたということだけが報道されると、読者・視聴者に、中森の「藤井市長に現金を渡した」との贈賄供述ばかりが印象づけられる。各報道機関に対して、藤井市長側の主張も付記するなど「対等報道の観点に基づく格段の配慮」を要請した。藤井市長の第1回公判においても、それまでの藤井市長に関する「有罪視報道」に対する初めての反論であることも考慮した「対等報道」を行うことを報道機関に要請した。

本書の巻末に資料①として添付したのが、藤井市長の第1回公判の報道について出した要請文の全文だ。

17日の夜から、第1回公判の模様は、テレビのニュースで報じられ、新聞のネット記事も次々とアップされたが、弁護人からの要請を事前に行っていたので、これらの報道は、概ね「対等報道」を意識したものだった。しかし一つだけ、中日新聞岐阜支社のネット記事に、明らかに誤った内容を含む問題記事があった。弁護人として同支社に抗議した上、【藤井市長無罪主張に水を差す中日新聞ネット記事】と題するブログ記事で、問題を指摘した。

同記事では初公判の模様について、

争点となった現金の授受をめぐって検察側と弁護側は対立した。

とした後、いきなりQ&Aとなる。刑事裁判に詳しい記者が素人の質問に答えているかのような構成で、

判決で仮に無罪になっても、検察が控訴する可能性が高く、控訴審は名古屋高裁の裁判官が一審判決に誤りがないかを、判断の根拠となった全証拠を再検討する。有罪になれば市長は公民権停止で失職する

というようなことが書かれている。

そして、Q&Aに続く本文では、

初公判で、藤井市長が、「現金を受け取ったとされる事実は一切ありません」と言い切り、浄水プラントの導入が「美濃加茂市にとって有意義な事業」と力説した

などと藤井市長側の言い分について書いているが、その後、

だが、裁判は必ずしも市長側に有利に進んでいるわけではない。贈賄側の中森良正被告は、自身の裁判で金を渡したことを全面的に認めた。このまま、藤井市長の判決を待たずに有罪判決が確定しかねない流れだ。

としている。

要するに、「藤井市長は、現金の授受を全面的に否認して争っているが、被告人自身が裁判で言い分を述べる機会は当分ないし、贈賄を認めている中森の裁判が早期に確定するので、藤井市長の事件でも無罪判決は出にくくなる。仮に、中森供述の信用性が崩れて一審で無罪判決が出ても、検察が控訴する。藤井市長が、現金授受を否認しても潔白を訴えても、どうせ、最終的には有罪となって失職するのだから、早く諦《あきら》めた方がよい」というのが、藤井市長を支持する市民へのこの記者の「忠告」ということなのだろう。

しかし、9月8日に開かれた中森の公判で、次回期日は、約2ヶ月先の11月7日と指定されていた。

通常は、自白事件で勾留《こうりゅう》中の事件であれば、早期に結審して有罪判決が出るはずだ。我々藤井弁護団の側も、中森の自白事件の有罪判決が早期に確定し、藤井事件の公判に与える影響を懸念していた。しかし、実際には、第7章で詳述するように、弁護人が中森の融資詐欺を告発したこともあって、中森公判の結審・判決は大きくずれ込む見通しになっていた。11月7日の中森の次回公判までには、藤井公判のほうでも中森の証人尋問、他の関係者の証人尋問、被告人質問が終了し、結審が近づいている可能性が高かった。

藤井市長の公判の見通しは、前日の第1回公判後の記者会見で、弁護人からも大まかに説明し、それは、別の中日新聞のネット記事でも書かれているのに、この記事を書いた記者は、それを確認すらしなかったのか、中森公判で早期に有罪判決が確定するなどという見通しを根拠に「裁判は必ずしも市長側に有利に進んでいるわけではない」などと述べていた。藤井市長の公判の見通しに関して不当な予断を与える記事だった。

「中森、贈賄で有罪判決」の取扱い

藤井市長の公判報道に関して、もう一つの重要な局面は、検察官の論告、弁護人の弁論で藤井市長の事件が結審して20日余り後の２０１５年1月16日に、中森に対する判決言渡しが行われた時点だった。

中森自身の公判では、被告人の中森が贈賄の事実を含め公訴事実を全面的に認め、全く争っていなかったので、有罪判決が言い渡されるのは当然だった。

被告人の中森は全面的に事実を認め、弁護人からも、事実関係について何の主張もなされておらず、贈賄の事実を否定する藤井市長の供述は証拠として提出されていない。裁判所としては、贈賄の事実を否定する余地はない。もちろん、藤井市長の公判で争点となっている中森の贈賄供述の信用性についても判断が示されることはない。

しかし、藤井市長の逮捕直後から、「有罪視報道」を繰り返してきたマスコミは、この「当然の有罪判決」についても、世の中に、「藤井市長有罪」のイメージを拡散するために利用する可能性があった。実際に、中森の判決に先立って、複数の報道機関が、藤井市長に対して、中森公判で贈賄について有罪判決が出た場合についての感想・コメントを求めてきていた。

中森に対する判決の報道内容によっては、読者・視聴者に、裁判所が中森の贈賄事件だけでなく藤井市長の収賄事件についても有罪を認定したかのように誤解されることになりかねない。私は、報道関係者宛てに、「中森良正被告人に係る判決の報道についての要請」と題する要請書を送付した（巻末資料②）。

1月16日、藤井市長に対する贈賄を供述している中森良正に対する判決公判が開かれ、名古屋地裁刑事3部（藤井市長の公判は刑事6部が担当）は、有印公文書偽造・同行使、詐欺、および贈賄の罪で、中森に懲役4年の実刑判決を言い渡した。

この判決に対して、ただちに、被告人と弁護人のコメントを発表した。

藤井市長のコメントは、

「私が全く関わっていない中森被告自身の裁判で、どのような判決が行われるかは、私の裁判とは全く関係ないものと思います。私に贈賄したと述べた中森被告の話が信用できるかどうかは、3月5日に予定されている私に対する判決で裁判所の適切な判断が下されるものと信じています」

主任弁護人のコメントは、

「中森の公判では、中森が贈賄の事実を含め公訴事実を全面的に認めており、中森の弁護人も何らの主張もしていないので、中森の自白に基づいて有罪判決が言い渡されるのは当然である。贈賄事実について、収賄事実を全面的に否認している藤井被告人側の主張を踏まえた事実認定は行われていないので、藤井市長の公判とは全く無関係である。

有罪とされた有印公文書偽造・同行使、詐欺の事実の犯行態様の悪質性・重大性を考慮すれば、贈賄が起訴されていなかったとしても4年の実刑は当然であり、贈賄の事実が認定されたことの量刑への実質的影響は軽微だと考えられる」

という内容だった。

判決についての新聞、テレビ各社の報道の多くは、判決内容のほかに藤井市長や主任弁護人のコメントを報じるなど、全体としては、程度の差はあれ、主任弁護人の私からの要請を考慮したことが窺《うかが》われる内容だった。

中部地区で圧倒的な発行部数を誇る中日新聞は、社会面で、「市長『判決は関係ない』美濃加茂汚職　市議『予想通り』」との見出しで、市長や主任弁護人のコメント、中森の弁護人のコメントを載せ、1面の解説では、

美濃加茂市長に30万円を渡したとして贈賄罪に問われた中森良正被告の有罪判決は、被告が全面的に起訴内容を認める中で導かれたものだ。無実を訴える市長藤井浩人被告の判決は3月に予定されているが、異なる審理内容を基に別の裁判長が有罪か無罪かを判断するため、今回の判決が影響することはない。過去にはリクルート事件の一審で贈賄側の江副浩正《えぞえひろまさ》元会長が有罪になる一方、収賄側の藤波孝生《ふじなみたかお》元官房長官は無罪（二審で逆転有罪となり確定）になるなど、判断が分かれた例もある。中森被告の公判では、検察側、弁護側ともに事実関係に争いはなく、証言台に立ったのは中森被告だけ。それも「反省している」と情状酌量を求めるもので、有罪判決は必然だった。しかし、藤井被告の公判で検察側、弁護側は「現金授受の有無」をめぐっ

て真っ向から対立。藤井、中森両被告や各証人ら7人が証言台に立った。弁護側は両被告の会食に同席した知人から「授受の機会はなかった」との証言を引き出した。一方、検察側は中森被告の知人2人から「現金を渡したと聞いた」との趣旨の証言を得た。授受の現場を防犯カメラでとらえるなどしていたわけではなく、唯一の直接証拠と言えるのは中森被告の贈賄供述のみだ。知人らの証言など中森被告の公判では存在しなかった審理内容を基に、藤井被告の判決が贈賄供述の信用性をどう評価するのか。争いのない今回の公判に比べ、核心に迫った判決となるに違いない。

と、両公判での主張立証の違いを分かりやすく説明していた。

NHKは、午後6時の全国ニュースとその後の中部・東海地区のニュースで、判決を取り上げ、主任弁護人のコメントに加えて、「贈賄側は有罪となり、収賄側が無罪になるということはあり得ます」という刑訴法学者の識者コメントも放送していた。

民放局では、名古屋テレビ（テレビ朝日系）の夕方の番組で、

2人の裁判は、別々の裁判長の下で行われている。対立する2人の主張を裁判所がどう評価するか、注目されている。藤井市長の裁判で、中森被告が検察側の証人として出廷し、贈収賄の有無について争う場面があった。一方、中森被告の裁判では、贈賄行為の前提について争われることなく、贈賄があったことが前提として裁判が進められてきた。その結果、中森被告には、贈賄罪のほか、二つの金融機関から融資金を騙《だま》し取った罪も含め一括とした量刑が言い渡

された。

と、中森公判と藤井公判との証拠が全く異なることにも言及していた。

ところが、要請をほとんど無視し、視聴者に重大な誤解を与える内容の報道も一部にあった。特に酷かったのが、「贈収賄事件で贈った側が有罪で受け取った側が無罪という例がない」などという事実に反する内容を報じた中京テレビ（日本テレビ系）の夕方のニュース・情報番組「キャッチ！」であった。

以下は、その放送中の中森判決に関する部分の内容である。

【ナレーション】

贈賄側に懲役４年の判決が言い渡されました。今日、名古屋地裁に入る贈賄などの罪に問われている水道機器販売会社社長中森良正被告44歳。起訴状などによりますと、中森被告は、おととしの４月、当時市議会議員であった美濃加茂市長藤井被告に対し、市内の中学校に雨水の濾過《ろか》設備を設置してもらう見返りに現金30万円を渡したなどとされています。一方で、収賄などの罪で起訴されている藤井浩人被告は、一貫して現金の授受はないとして無罪を主張しています。名古屋地裁で開かれた裁判で、堀内《ほりうち》裁判長は、「自己の会社の利益を図るため、30万円という少なくない現金を市議会議員に交付した」として、中森被告の贈賄の事実を認め、懲役４年の判決を言い渡しました。弁護側は、中森被告の供述の信用性が認められたなどとして、控訴しない方針だ、ということです。無罪を主張している藤井被告は、中森被告の有罪判決を受けて、「私の裁判とは全く関係ないものと思います。裁判所の適切な判断が下されるものと信じています」とコメントしています。3月5日に藤井被告に判決が言い渡される予定です。

【キャスター】今回、贈賄側の中森被告に懲役4年の有罪判決が言い渡されました。控訴しない方針、ということですので、有罪判決が確定する見通しなんですね。一方で、一貫して無罪を主張し続けている美濃加茂市長の藤井被告。名古屋地裁などによりますと、それぞれ裁判官が別なんですよ。裁判官には独立性が保障されています。さらにですね、藤井被告の審理も終了していまして、あとは判決を待つばかり、という状況となっていますので、今日の中森被告の有罪判決がですね、藤井被告の判決に影響を及ぼすことはないであろうということです。ただ、今まで贈収賄事件で贈った側が有罪で受け取った側が無罪という例がない、ということなんですね。この注目の藤井被告の判決は、3月5日に言い渡される予定です。

要請文でも述べているように、中森に対する裁判所の量刑のほとんどは、公文書偽造・行使を伴う悪質な融資詐欺に関するものであり、贈賄の事実はごく一部に過ぎない。もし、30万円の贈賄だけで起訴されていたら、贈賄の法定刑は3年以下の懲役・罰金であるから、せいぜい懲役6月~1年程度で、執行猶予が当然であり、4年の実刑など、まずあり得ない。ところが、この放送を見る限り、中森は「30万円の贈賄の事実」だけで懲役4年の実刑判決を受けたとしか思えない伝え方をしている。

藤井公判への影響について、「藤井判決に影響を及ぼすことはないであろう」と言ってはいるが、その理由は、「裁判官には独立性が保障されていること」「藤井被告の審理が終了していること」とされているだけである。中森は公判で贈賄事実を全面的に認めており、収賄事実を全面否認する藤井市長の主張を踏まえた審理は行われておらず、藤井公判とは証拠が全く異なることに触れていない。

その上で、最後が、「ただ、今まで贈収賄事件で贈った側が有罪で受け取った側が無罪という例がない、ということなんですね」という「解説」で締めくくられている。しかし、少なくとも、我々が把握しているだけで、贈賄側の有罪判決が確定した後に、収賄側が無罪で確定した事例として、1989年11月に大津《おおつ》地裁で滋賀県土木部幹部の収賄事件で無罪判決を言い渡した事例（検察官控訴断念）、1992年1月に熊本地裁で同県菊池《きくち》市議会議長の収賄事件で無罪を言い渡した事例（検察官控訴したが棄却され確定）がある。中京テレビの放送は、この点において明らかに事実に反するものだった。

また、「弁護側は、中森被告の供述の信用性が認められたなどとして、控訴しない方針だ、ということです」と言っているのも、あたかも中森判決で、中森の供述の信用性が判断されたかのような誤解を招くものだった。中森公判では事実関係は争っていないのであるから、中森供述の信用性は問題にならない。中森の弁護人がそのような発言をしたのかもしれないが、中森の不控訴の理由としてわざわざ報道するような内容ではない。現に、他の新聞、テレビでは、そのような「不控訴理由」は全く報じられていない。

このような放送を視聴すれば、誰もが、「中森の判決とは別の裁判官が判断しても、贈賄の中森が有罪なのだから、収賄の藤井市長も（いくら悪あがきしても）有罪になるだろう」と思うはずだ。

この中京テレビの誤報は、単なる「過誤」とか、「調査不足」などで済まされる問題ではなかった。事実を全面的に認め、何も争っていない贈賄供述者に対して、有罪判決が言い渡されるのは当然のことであるのに、その判決結果を用いて、収賄で起訴されている藤井市長の有罪も確実であるような印象操作を行おうとするものとしか考えられなかった。

そこで、週明けの1月19日に、中京テレビ報道責任者宛てに文書を送付し、同番組で、中森の判決について、「有印公文書偽造・同行使、詐欺」の点を完全に無視し、贈賄だけで4年の実刑が言い渡されたかのように報じた点、「今まで贈収賄事件で贈った側が有罪で受け取った側が無罪という例がない」などと報じた点において、要請を完全に無視した内容の放送であったと指摘し、①上記番組を放映するに当たって、当職からの要請文をどのように取り扱ったのか、②上記番組について、問題はないと考えているのかについて、回答を求めた。

同日夕刻に送付されてきた中京テレビ報道局長名の回答書は、以下のようなものだった。

1．番組放送にあたって、郷原様からの「要請文」をどのように取り扱ったか
まず、「要請文」については、社内で検討させていただきました。その上で、「当時、現職の市会議員に現金を送《ママ》ったとされる贈賄容疑」は、「社会的にも関心の高い重要な事案であり、その判決内容を中心に報道することは意義がある」と判断いたしました。

また、判決文についても「贈賄および利益供与」について相当量をさいて説明をしており、内容的にも「合計30万円という少なくない現金を市会議員に交付したことは、市民の信頼を毀《き》

損《そん》し、社会に大きな影響を及ぼすものである。被告人の刑事責任は重い」旨を記しており、充分に中心的に報道すべき内容であると判断いたしました。

その上で、「有印公文書偽造・同行使、詐欺」については、画面のスーパーインポーズで「贈賄・詐欺などの罪」と示し、原稿でも「贈賄の罪などに問われているのは……」と表現し、判決が「贈賄罪」だけでないことを示しました。

また、本番組の中では、藤井被告のコメントとして「私の裁判とは、全く関係ないものと思います。裁判所の適切な判断が下されるものと信じています」と、ナレーションで紹介しています。

加えて、スタジオ部分では「それぞれの裁判官は、独立性が保障されていることから、この中森被告の有罪判決が、藤井被告の判決に影響を及ぼすことはない」旨をキャスターが説明しています。

スタジオの最後で、「今まで贈収賄事件で賄賂を渡した側が有罪で、受け取った側が無罪となった例がない」というのを、これまでの「確定判決」の例から、事実をそのまま述べたものです。

2．番組内容が、問題ないと考えるか

これについては、上記1の理由から「特に問題ない」と考えております。

中京テレビの回答は、私が送付した文書での番組の問題点の指摘に答えるものには全くなっていなかったので、1月21日に【美濃加茂市長事件に関する中京テレビの「重大な誤報」】と題するブログ記事を出し、中京テレビのニュース・情報番組「キャッチ！」で、藤井美濃加茂市長への贈賄供述者に対する判決の報道において重大な誤報があったことを指摘し、放送内容に対する批判も行った。

それを受けて、中京テレビは、同日午後4時半過ぎ、同番組の中で、訂正謝罪を行った。

以下が、その訂正謝罪放送での発言内容である。

【ナレーション】

先週の金曜日、岐阜県美濃加茂市の市長への贈賄罪や別の事件での詐欺罪などに問われた会社社長への判決のニュースをお伝えしましたが、その中で一部訂正があります。

起訴状などによりますと、水道機器販売会社社長の中森良正被告は、おととし、美濃加茂市長の藤井浩人被告に対して、市内の中学校に雨水の濾過設備を設置する見返りに現金合わせて30万円の賄賂を渡したとして贈賄の罪などにも問われています。

また、美濃加茂市などから工事を請け負ったとする嘘の書類を銀行に提出するなどして、融資金合わせて6100万円を騙し取った詐欺罪なども問われています。

これまでの裁判で、中森被告は起訴内容をいずれも認めていて、先週金曜日、名古屋地裁は、社会に大きな影響を及ぼし、刑事責任は重いなどとして、問われた罪をすべて認定。合わせて懲役4年の判決を言い渡しました。

【キャスター】

この裁判の贈収賄事件についてなんですけれども、この中森被告の有罪判決が、全面的に無罪を主張しています美濃加茂市長の藤井被告の判決に影響するのかどうか、先日のニュースの中で、中森被告と藤井被告の裁判は別々に行われていまして、裁判官も独立しているので、中森被告の有罪判決が藤井被告の判決に影響を及ぼすことはないとお伝えしました。つまり、証拠も別で、独立した裁判のわけなんですね。

この部分は正しいんですけれども、ただ、その後のコメントで、これまでの贈収賄事件で、贈った側が有罪で、受け取った側が無罪という例はない、とお伝えしました。

しかし、これについてはですね、贈賄側が有罪で、収賄側が無罪というふうに異なる判決が出て、確定したケースがあることが分かりました。

この点訂正して、お詫《わ》びいたします。

失礼いたしました。

なお、藤井被告の判決は、3月5日に言い渡される予定です。

私が指摘した主な問題は、①判決は融資詐欺と贈賄に対するものであるのに、融資詐欺をほとんど無視し、30万円の贈賄の事実だけで懲役4年の実刑判決が言い渡されたとしか思えない報道であること、②「藤井判決に影響を及ぼすことはない」ことの理由が、裁判官に独立性が保障されていることが中心で、中森は公判で贈賄事実を全面的に認めており、収賄事実を全面否認する藤井市長の主張を踏まえた審理は行われておらず、藤井公判とは証拠が全く異なることに一切触れていないこと、③「贈収賄事件で贈った側が有罪で受け取った側が無罪という例がない」という、事実に反する発言をしたこと、の3点だった。

中京テレビの放送では、このうち③について訂正と謝罪を行い、①については、当初の放送では述べていなかった「美濃加茂市などから工事を請け負ったとする嘘の書類を銀行に提出するなどして、融資金合わせて6100万円を騙し取った詐欺罪なども問われていること」についても述べ、②については、「証拠も別で、独立した裁判のわけなんですね」と述べた。一応、私のブログでの指摘に応《こた》える内容になっていた。当初から、この内容の放送が行われていたら、私が問題を指摘することはなかった。

このように、藤井市長の公判だけではなく、中森の公判での重要な節目においても、報道各社に対して、公正・中立な報道を求める要請書を送付したこと、その要請に反し、重大な問題報道を行った社に対しては、抗議を行い、その事実をブログで公表するなどしたことが、不当な「有罪視報道」を抑制する上で、一定の効果を発揮したことは間違いない。

第6章　「証言の信用性」はどのように判断されるのか

逮捕・起訴が不当でも、「無罪判決」とは限らない

藤井市長の事件は、市議時代の藤井氏に現金を渡したとする中森供述と、それを一貫して否定する藤井市長の供述、さらに常に会食の場に同席していたT氏の「現金授受は見ていない。席も外していない」との供述とが全面的に対立する「1対2」の構図であり、しかも、警察・検察が「中森供述を裏付ける」と考えていた証拠は、凡《およ》そ証拠価値のないものばかりだった。このような証拠関係で現職市長を逮捕するのは、従来の同種事件の実務からは考えられない「暴挙」とも言えるものだった。

しかし、その「暴挙」も一度行われてしまうと、それが「市長有罪」に向かう暴走につながっていく。それを止めることは極めて難しい。現職市長の逮捕というのは、通常、事前に警察と検察との協議が行われ、検察から起訴の確約を得た上で行われる。現職市長を逮捕した以上、万が一不起訴ということになれば、逮捕した警察組織は重大な責任を問われるからだ。この種の事件では、事実上「逮捕イコール起訴」である。

そして、検察がその事件を起訴してしまった場合は、無罪判決が出る可能性は極めて低い。検察が現職市長を起訴するのは、検察上層部も含め組織的な了承を得た上でのことだ。無罪判決が出れば、組織の責任が問われる。何が何でも有罪判決を得ようとするのが、刑事司法の正義を独占してきた検察の「組織の論理」である。検察の起訴が誤りだったことが客観的に明白にならない限り、検察が有罪判決をあきらめることはない。

現金授受についての当事者の供述は「1対2」であっても、贈賄供述の客観的裏付けとなる証拠はなくても、贈賄供述者が公判で捜査段階と同様の贈賄証言をすれば、それを崩すことは容易ではない。「現金を渡してもいないのに、渡したなどという虚偽の供述をして、犯してもいない贈賄の刑事責任を負うことはあり得ないし、ましてや偽証の制裁を覚悟してまで虚偽の証言をしたりすることはあり得ない」という「常識」が、無罪の主張の前に、厳然と立ちはだかるからだ。いったん起訴された以上、贈賄供述を公判で覆させるか、信用できないことが明白と言える状況に追い込まなければ、裁判所が、その「心証」に基づき、「犯罪事実に合理的な疑いがある」と判断して無罪判決を出すことは考えにくい。その〝可能性が極めて低い無罪判決〟を実現しなければ、最終的に藤井市長の市長としての政治生命を維持することはできない。

藤井市長の裁判では、弁護側は、中森の贈賄供述の信用性を徹底的に争い、その点をめぐって、検察官との間で激しい攻防が繰り広げられていくことになった。

「供述の信用性」をどう評価するのか

では、一般に、供述の信用性というのはどのように評価されるのか。藤井市長の事件で最大の争点となった「贈賄供述者中森の供述の信用性」は、どのように判断されるべきなのか。

刑事裁判において「供述の信用性」が問題になるのは、この事件に限ったことではない。犯罪事実が争われている多くの事件では、共犯者・目撃者等の証言が重要な証拠とされ、事実認定の根拠とされる。その証言が信用できるかどうかの判断は、刑事裁判の事実認定において最も重要な要素だと言える。

刑事裁判において、供述の信用性を判断する場合、一般的には、「関係証拠と符合している」「供述内容が具体的・合理的で自然」などが供述の信用性の要素と判断され、それらが認められる場合に事実認定の根拠とされる。

しかし、藤井市長の事件で争点となった中森証言の信用性は、一般的な供述の信用性の問題とは異なる観点から判断する必要があった。供述者が、何らかの動機で意図的に虚偽供述をしていることが疑われ、しかも、捜査機関側や検察官は、既に、その供述に基づいて強制捜査着手や起訴の判断をしており、供述の信用性を客観的に判断する立場ではない。裁判で当該供述の信用性が認められるよう、最大限の努力をすることが想定される。このような場合は、「関係証拠との符合」「具体性・合理性」等の一般的な信用性の判断要素だけでは適切な判断はできない。

中森の贈賄供述については、第7章で詳述するように、融資詐欺等での自己の処罰を軽減するために、被告人への贈賄の事実を作り出し、意図的に虚偽供述をした疑いがある。そして、「関係証拠と符合している」「供述内容が具体的・合理的で自然である」などの一般的な「信用性の要素」は、事件の捜査や公判の過程で、警察・検察の取調べや証人尋問の打合せ等において作り上げられている可能性がある。このような場合の供述の信用性評価においては、事後的には作りだせない供述動機、供述経過等から、供述が自らの記憶に基づくものであるか否かを判断することが重要となる。最大の問題は「意図的な虚偽供述」である可能性がどの程度あるのかなのである。

贈賄供述の事後的な辻褄《つじつま》合せの疑い

最大の注目点は中森の供述経過だった。贈賄の事実について、どの時点から、どのような供述を始めたのか。それが、その後、どのように変遷していったのか。その点は、自らの記憶のとおりに話しているのか、作り話なのかどうかを判断する重要な手掛かりとなる。

検察官が開示した供述調書等から、中森の贈賄供述の経過に関する重大な問題が浮かび上がった。

まず、第1に、中森が供述し、贈賄で起訴された事実は、①「4月2日、ガスト美濃加茂店での10万円」、②「4月25日、山家住吉店での20万円」の二つだったが、3月16日に、初めて贈賄の供述をした時点では、②のみを供述し、①は供述していなかった。

中森の最終的な供述によれば、①が、市議会議員の職務行為への謝礼として、藤井氏に、違法と認識しつつ現金を贈った最初の場面であり、それから20日余り経って、②の2回目の現金の贈与が行われたことになる。ところが、最初の贈賄を自白した時点で、2回目の場面については金額や時期・場所について覚えていたのに、最初の贈与の場面については、日時・場所も渡した金額・状況も覚えていなかったというのである。

贈賄というのは、「公務員の職務を金で買う行為」なのであり、「賄賂《わいろ》」という不正な金のやり取りをするという認識を持って行われた場合に初めて犯罪が成立する。そのような行為を、その公務員に対して初めて行う際には、「罪を犯すこと」への抵抗感があったり、そのような「不正な金」を相手の公務員がすんなり受け取ってくれるだろうか、かえって関係をそこねてしまうのではないか、という心配があったりするのが通常だ。初めての贈賄の場面には、それなりの心の動きがあるものであり、贈賄者には、強い印象が残っているはずだ。そして、一度すんなり受け取ってくれた後は、二度目以降の贈賄行為の場面では、抵抗感も低下し、相手の反応を確かめる必要もなくなり、印象も希薄になるというのが一般的なパターンだ。

ところが、中森は、初めて贈賄を自白した時点で、2回目の贈賄を具体的に覚えているのに、1回目の贈賄については思い出せなかった、というのである。贈賄自白の経過としてあまりにも不自然だ。それは、①の事実自体が中森の「作り話」であることを強く疑わせるものである。

第2に、最初に作成された中森の贈賄の供述調書である3月27日付け警察官調書では、①の賄賂の授受の場は、中森と藤井氏の2人だけだったとされているのに、5月1日付け検察官調書では、T氏も同席し3人だったことになっている。

一方で、中森の供述では、藤井氏に現金を渡すことはT氏には知られたくなかったというのだから、T氏が同席していたかいなかったかで、状況は全く異なるはずだ。その点について記憶が曖昧《あいまい》になることはあり得ない。

現金を渡すことはT氏には知られたくないと思っていたのであれば、T氏を同席させなければよいのであり、会うこと自体も、T氏には知られないようにするのが当然だ。それを敢《あ》えて知らせるとすれば、何か事情があったはずだし、それでも知らせるかどうか躊躇《ちゅうちょ》したはずだ。また、T氏が同席することになったのであれば、その場で、T氏に知られないように現金を渡す方法を考える必要が生じる。一方、中森が、藤井氏に会うことをT氏に知らせず、同席もさせなかったのであれば、そのような躊躇をすることも、渡し方を考える必要もない。

このように、①の場面については、T氏が同席したかどうかによって状況も中森の心理状態も全く異なったものになるのであり、そのいずれであったのか、記憶が曖昧になることは考えられない。

つまり、中森の贈賄供述には、最初に自白した時に、2回目の贈賄のみ記憶があり、1回目の贈賄の記憶がなかったこと、その後、1回目の贈賄について供述したが、その供述では、極めて重要な「同席者の存在」を記憶していなかったこと、という二つの重大な欠陥があった。この二つの欠陥をどう評価するかは、その後の藤井市長の公判で、中森証言の信用性を判断する上で極めて重要なポイントになった。

「詐欺師の仲間たち」の供述

検察官も中森供述の「裏付け」となる証拠はほとんどなく、供述経過等から、信用性に対する重大な疑問があることを認識していたのであろう。検察官が苦しまぎれに出してきたのが、中森の知人だという二人のいかがわしい人物の供述だった。「中森から藤井に金を渡したいと言われて金を貸した。後で、藤井に渡したと聞いた」というAの供述、「中森が、美濃加茂市の中学校への浄水プラントの設置について『渡すもんは渡した』と言っていた」とのBの供述だった。これらの「詐欺師の仲間達」の供述で、中森供述の信用性を「補強」しようとしたのだ。

A・Bの供述自体は、「中森が藤井氏に金を渡した事実」の独立の証拠とすることはできない。A・Bの供述で立証できるのは、あくまで、「彼らに中森が『渡した』と発言したこと」だけであり、「金を渡した事実」そのものではない。もともと証拠としての価値は限られたものでしかない。しかも、A・Bの中森との関係や、公判での証言内容からすると、A・Bの証言の信用性自体が極めて疑わしいもので、凡そ中森の証言の信用性を高めるものとは言えなかった。

Aは、Bが経営していたバーで働いていた時にBの紹介で中森と知り合い、中森に恒常的に「1ヶ月で1割」という高金利で数千万円にのぼる多額の金を貸していた。中森は、Aから返済ができない場合には、資金提供者である暴力団関係者から、家族までも危害を加えられるおそれがあると言われ、Aを極端に恐れ、返済に追われていた。Aは、中森が経営する株式会社スイゲンの設立時、発起人になり、見せ金で資本金を提供したりして協力していた。中森が融資詐欺で得た金も大部分は、Aへの返済に充てられていた。そのため、Aは、中森の融資詐欺事件において、共犯の疑いで自宅や自動車の捜索を受け、被疑者としてかなりの回数、警察の取調べを受けていた。

藤井市長の公判で、中森の証人尋問に続いて開かれた公判に出廷したAは、中森から、「藤井氏に美濃加茂市の小中学校への浄水プラントの設置をお願いしている関係上、恩を売っておきたいので、渡すお金を貸して欲しい」と頼まれ、いったんは断ったが、同じ理由で再度、50

万円を貸して欲しいという申し出があったので了承した。その後、50万円を中森に渡した。数日後、中森から電話で、「預かったお金はちゃんと藤井に渡すことができた」と言われたと証言した。

しかし、Aは中森に、長年、多数回にわたり、多額の金銭を月に1割という法外な高利で貸付け、頻繁に小口の返済を受けていたが、貸借管理は極めて杜撰《ずさん》で、各借入と弁済の対応関係や利息の付加及び利息計算など厳密に理解しているものではなかった。しかも、Aは借りる際に説明したとおりに貸金が使われたか否かの確認も行っていない。それにもかかわらず、金額が50万円に過ぎない本件金銭貸借に関してのみ、貸付の経緯、それに応じた理由等を詳細に記憶しているというのである。

融資詐欺の共犯の疑いで警察の強制捜査を受けていたAは、警察に迎合して、警察側に有利な証言を行う動機も十分にあった。このようなAが、「中森から藤井に金を渡したいと言われて金を貸付けた」などと証言しても、藤井氏に金を渡したという中森証言の信用性を補強する証拠にはなり得ないことは常識的にも明らかだ。一審判決では、「上記事実は、その当時自転車操業状態にあったスイゲンの資金繰りを解消するために美濃加茂市への浄水プラント事業の導入を早期に進めたいとの気持ちがあった中森において、被告人に対して現金供与の計画を抱いていたとの事実の裏付けにはなり得るものの、それ以上に第2現金授受の存在を直接に裏付ける事実となるものではない」という短い判示で、証拠価値を否定した。

もう1人の知人は、Aを中森に紹介した人物で、Aと同様に中森に金を貸していたBだった。Bは、2013年8月に、中森に案内されて、スイゲンの浄水プラントが設置された美濃加茂市立西中学校を訪れた際、どうして設置ができたのか質問したところ、「接待はしているし、食事も何回もしてるし、渡すもんは渡してる」と中森が言い、金額を尋ねたら「30万円ぐらい」と言っていたと証言した。

それが、中森が、藤井氏への贈賄の事実をBに「告白」したという話なのであれば、その9ヶ月後の中森の警察官への贈賄自白が「作り話」ではなかったことの有力な証拠になることは確かだ。しかし、Bは、融資詐欺の共犯の疑いを受け、暴力団にも関係しているAを中森に紹介した人物である。しかも、その話の内容にも多大な疑問がある。

藤井氏への「接待」の中身について、Bは、「キャバクラとか夜のお店とかクラブに連れて行っていたと聞いていた」と証言したが、実際には、中森は、藤井氏に接待らしきことを行っていた事実はなく、せいぜいガストや木曽路で昼食を共にしたり、居酒屋で短時間一緒に飲んだ程度だった。B証言が真実だとすると、中森は、「藤井市議への接待」について、著しく事実を誇張して話していたことになり、藤井氏に賄賂を渡したと話すのであれば、その金額についても「何百万」などと誇張して話してもおかしくないが、その金額について、中森はBに、「30万円」と、まさに、本件公訴事実における賄賂金額と全く同じ金額を答えたというのだ。

しかも、このBの供述については、藤井市長と中森が起訴された後に、初めて検察官調書が作成されている。Bと中森との会話は、8月22日に美濃加茂市立西中学校を訪れた際の「何気ない会話」に過ぎないのに、それを、どのような経過で捜査機関側が知ったのか。Bが中森からそのような話を聞いたことを誰に話したかなどの経緯が問題となる。証人尋問でその点について質問を受けると、Bの態度は一変し、証言も二転三転し始めた。

弁護人から、中森から「渡すものは渡した」という話を聞いたことを最初に話した相手を質問されると、「覚えていないです」と答え、重ねてその点を質問されると、「Aに話していると思いますね」と言った後、「覚えていないって言ってるんですよ。覚えていないんで。今は分からないから分からないと言っているんですよ。誰に話したかは」と言い直し、「最初にAに話した」という証言を不自然な形で撤回した。そして、「警察にその話をしましたか」と聞かれて「しましたね」と答えたが、「警察に?」と再度聞かれると「していないですね。聞かれてないんで」と答えるなど、また証言を覆している。

そして、「検察官からどういう質問を受けたんですか、最初に」と質問されると、「中森との出会いから、そういうふうに説明を聞かれましたけど、ちゃんと答えています」と答えた。「その時に『渡すもんは渡した』という話を中森から聞いたということは、あなたのほうから検察官に話したんですか」と質問されると、「はい、言いましたね」と答えるが、「それは、どういうことを聞かれたから話したんですか」と聞かれると、「どういう関係性っていうふうに聞かれたんで、藤井さんと。僕は詐欺事件で呼ばれると思ってるので」などとしどろもどろになった。さらに、「藤井さんとの関係性というのを聞かれたんですか」と質問されると、「写真を見せたので。どういうふうに。いろんな接点を。スマホの写真も見せたんで」と支離滅裂な証言となった。

Bは、自らの記憶を証言しているとは到底考えられず、ほとんど「語るに落ちたもの」であり、凡そ、刑事裁判における証言と呼ぶに値しないものだった。一審判決でも、Bの証言について、「その性質上伝聞証拠に当たり、中森の公判供述の信用性に関する補助事実に過ぎない上、Ｂの公判供述における中森の発言内容は曖昧な内容であることからすると、上記Ｂの公判供述によっても中森の公判供述の信用性に関する前記判断は左右されるものではない」と簡単な言葉で証拠価値を否定した。

そもそも、ＡやＢのような中森の「怪しげな仲間たち」を検察側証人として公判に連れて来て、中森証言の信用性の補強に使おうとすること自体が異常であり、検察官が、中森供述の信用性の立証に行き詰まっていることを端的に示すものだった。

第7章 「詐欺師」の正体

「ヤミ司法取引」の疑い

藤井市長は潔白・無実だと確信している私から言えば、中森の贈賄供述が虚偽であることは間違いない。しかし、中森の供述が虚偽だとすると、犯してもいない罪で処罰されることを覚悟した上で敢《あ》えて虚偽の供述をしていることになる。問題は、彼がなぜ「意図的な虚偽供述」を行うのか、その動機は何かということだった。

その点に関して手掛かりを与えてくれたのもT氏だった。T氏は、名古屋市議会議員の秘書をしながら、中森の浄水プラントや濾過《ろか》機の事業に協力するなど、中森とは近い関係にあり、市議会議員時代の藤井氏に中森を紹介したのもT氏だった。

藤井市長逮捕の数日後から、I氏の紹介でT氏と接触して話を聞く中で、中森に関する様々な情報を入手することができた。その中で、私が着目したのが、金融機関からの融資詐欺で逮捕された中森には、立件も起訴もされていない多額の融資詐欺の余罪があるのではないかという話だった。しかも、その詐欺の手口は、公印や公文書を偽造して、受注があったように装って金融機関から融資金を騙《だま》し取るという悪質なものだという話だった。さっそく、関連する新聞記事を調べてみた。

中森は、当初、金融機関に対する融資詐欺で逮捕され、その逮捕・勾留《こうりゅう》中に贈賄の自白をした。2014年2月6日の中森の逮捕当初の新聞記事によると「金融機関から融資金1000万円をだまし取ったとして、愛知県警捜査第二課は6日、経営コンサルタント会社『スイゲン』社長、中森良正容疑者を詐欺容疑などで逮捕した。中森容疑者は2010年以降、同様の手口で10金融機関から総額約4億3500万円の融資を受けたが、8600万円が未返済。捜査第二課は余罪を追及する」（2月6日付毎日新聞）とされている。そして、3月6日には、同様の1100万円の融資詐欺で再逮捕されたと報じられているが、それ以降、中森の融資詐欺についての報道は全くない。

逮捕当初の記事で書かれている「同様の手口で10金融機関から総額約4億3500万円の融資を受けたが、8600万円が未返済」という点についての「余罪の追及」はどうなったのか。合計2100万円の起訴だけで終わっているとすると、中森が犯した融資詐欺の大部分は立件も起訴もされていないことになる。

藤井市長の事件の公判前整理手続で、8月初めに、検察官から開示された請求予定証拠の中の贈賄に関する中森の供述調書によると、中森が、最初に藤井市長への贈賄を自白したのは、融資詐欺の再逮捕事実で勾留中の3月16日だ。それ以降、新たな融資詐欺の事件は立件されていない。贈賄自白は、何らかの見返りを期待して行われた疑いがある。

そこで、公判前整理手続で弁護人の「予定主張記載書面」に、「中森良正は、金融機関から融資名下に金員を騙し取った自らの刑事事件に関して、警察が捜査の対象とし立件する事件の範囲において有利な取扱いを受けることを期待して虚偽の贈賄供述を行った疑いがある」との主張を掲げ、その主張に関連する証拠として融資詐欺に関する供述調書の開示を請求した。検察官は融資詐欺に関する中森の供述調書をすべて開示した。それによって、融資詐欺の手口や全体像が明らかになった。

詐欺の手口は、地方公共団体や医療機関等の代表者印等を偽造し、受注証明書・契約書等の公文書・私文書を偽造して、浄水装置や地下水の濾過機を受注したかのように装って金融機関を騙し、しかも、送金者の名義を偽ってインターネット送金を行って、あたかも、架空の発注者から自社の口座に代金が支払われているように仮装するというものだ。銀行、信用金庫など10の金融機関から、総額3億7850万円の融資金を騙し取り、そのうち、およそ1億4000万円が未返済となっていた。

公印や公文書を偽造し、代金支払の銀行送金まで仮装するという手口は、融資詐欺の中でも最も悪質・巧妙な事案だと言える。そのような融資詐欺は厳重に処罰しなければ、金融機関の融資業務は著しく阻害されることになる。通常であれば、警察・検察から、融資詐欺の被害者の金融機関すべてに被害申告するよう働きかけて、厳重な処罰を行おうとするはずだ。ところが、中森が実際に立件・起訴されたのは、2月6日の逮捕事実と3月5日の再逮捕事実の2件の合計2100万円分に過ぎなかった。

中森が藤井市長への贈賄を自白した後に、約4億円近くにも上る融資詐欺全体について一覧表で、概括的に事実を認める供述調書が作成されていたが、それ以降、融資詐欺について捜査が行われた形跡は全くない。巨額の融資詐欺をごく一部だけの立件・起訴にとどめることの見返りに、中森が、その後、藤井市長に対する贈賄について詳細に供述し、贈収賄事件の立件に協力したことが強く疑われた。

しかも、立件・起訴されていない融資詐欺の中に、美濃加茂市の小中学校への浄水プラントの設置が決定され、工事が発注されているように偽って、J銀行から合計4000万円の融資を受けた事実が含まれていた。

贈収賄事件では、中森が美濃加茂市議の藤井氏に美濃加茂市の小中学校への浄水プラントの設置の働きかけを行ったことが、「請託」とされた。美濃加茂市に関連する融資詐欺は、贈収賄事件の動機にも密接に関連する事件として、捜査の対象とされるはずだが、実際には捜査された形跡が全くない。その融資申込みにおいて、美濃加茂市教育委員会委員長の公印が偽造され、委員会名義の発注書が提出されているのだから、市長が収賄で起訴されている美濃加茂市は、公文書偽造の被害者の立場にある。その融資詐欺が贈収賄事件の捜査の過程で完全に除外されているのは明らかに不自然だ。敢えて立件を見送っていたように思える。

中森の融資詐欺についての捜査は、通常の刑事事件ではあり得ないものだ。そのような明らかに不自然な捜査が行われた理由は何なのか。それが、中森が、藤井市長に現金30万円を渡したなどという虚偽の贈賄自白を行った動機につながったのではないか。

弁護人による告発

そこで、検察官に、多くの融資詐欺が立件・起訴されていない理由の説明を求めたが、検察官からは、2件以外については被害届が提出されていないことを示す書面が証拠開示されただけだった。

これによって、中森が行った前記一連の融資詐欺について、検察官は、被害者の金融機関の被害申告が行われていないとの理由で、既に起訴されている2件以外については、刑事事件として立件し起訴する予定がないことが明らかとなった。しかも、その理由は「被害者の金融機関の被害申告が行われていないこと」だけだった。

しかし、そのような悪質な融資詐欺の被害に遭いながら、金融機関側がなぜ被害申告をしないのか。合理的な理由もないのに被害申告をしないとすれば、金融機関としてのコンプライアンス問題ではないか。

そこで、藤井市長の弁護団は美濃加茂市の小中学校への浄水装置設置の発注を偽って銀行から4000万円の融資金を騙し取った詐欺と有印公文書偽造・同行使の事実で、中森を検察庁に告発することにした。郵送した告発状は、9月3日に名古屋地検に到達し、翌9月4日に、告発が受理された。

本来、刑訴法上の告発というのは、「犯罪事実を申告し、処罰を求めること」である。

一般的には、弁護人は、「刑事手続において被疑者または被告人の利益を保護すること」を使命にしている。特定の犯罪について「弁護人として告発すること」というのは若干イメージが異なる。

しかし、この告発は、被告発人の中森の処罰を求めること自体が目的ではない。

公文書の偽造まで行って銀行から4000万円の融資金を騙し取るという悪質な詐欺の事実

を把握しているのに、それを捜査の対象にせず、起訴しようとしないのは、本来、検察官の対応としてあり得ないことだ。そのような不適切な検察官の捜査・処分が、中森の贈賄供述の動機に関係していることが強く疑われるのに、その理由を検察官に尋ねても、被害者の金融機関から被害申告が出されていないというほかに何の説明もない。中森の贈賄供述の真の動機を明らかにするためには、公文書偽造・同行使、詐欺の事実について検察官が適切な捜査、処分を行うことが不可欠だった。「弁護人による告発」は、藤井市長の収賄事件の事案の真相を解明するために、弁護活動の一環として行ったものだった。

告発を受理した以上、名古屋地検としては捜査の対象とせざるを得ない。捜査すれば、悪質・重大な融資詐欺で、弁償もされておらず、しかも、中森もその事実を認めているのだから、不起訴処分はあり得ない。前科がないということもあり、融資詐欺の起訴金額が2100万円にとどまれば、そのうち一部でも弁償することで執行猶予の可能性もないとは言えないが、4000万円の融資詐欺が起訴され、弁償もできないのであれば、実刑は免れない。また、それだけでも、検察官の求刑は、4、5年となるのは避けられない。

中森が贈賄を供述することで、2100万円分以外の融資詐欺の立件・起訴を免れることを期待していたのだとすれば、弁護人の告発は、その期待を打ち砕くものになりかねなかった。

9月17日に開かれた藤井市長の第1回公判では、検察官の冒頭陳述に続いて、弁護人の冒頭陳述も行い、「賄賂《わいろ》授受とされる現場には同席者が存在し、席を外しておらず、現金の授受は見ていないこと」のほか、贈賄供述に関して、「起訴されざる重大な犯罪の嫌疑」が存在し

「ヤミ取引」の疑いがあることなどの主張を展開した。

そこで、公判前整理手続で争点整理された検察官・弁護人双方の主張に基づき、それ以降の審理の予定がほぼ確定した。中森の証人尋問は次の公判期日の10月1日と2日の2日間にわたって、行われることになった。

藤井市長の事件は、通常の贈収賄事件との比較で言えば、極めて証拠の薄い事件であることは間違いなかった。しかし、もし中森が、証人尋問で贈賄供述を維持した場合、「虚偽の供述をして、犯してもいない贈賄の刑事責任を負うことはあり得ない」という、検察官の主張を否定することは容易ではない。しかも、4000万円の融資詐欺を告発されても、なお贈賄供述を維持したとなると、証言の信用性は高まることになる。中森の贈賄供述が「意図的な虚偽供述」であることを疑う、何らかの具体的な根拠が必要だったが、残念ながら、それは得られていなかった。私としては、検察官時代からの経験を活《い》かして、中森の供述の矛盾点を衝《つ》く反対尋問技術にすべてを賭《か》けるしかなかったが、それによって中森供述を崩す確たる見通しがあるわけではなかった。

名古屋拘置所在監者からの「藤井浩人市長」宛ての手紙

9月17日の藤井市長の第1回公判から数日経った9月22日、藤井市長が電話で、「名古屋拘置所の在監者の人から手紙が届いたんですが」と言ってきた。すぐに、写しをメールで送ってもらった。手紙は、9月16日に発信され、19日付けで美濃加茂市秘書課の受理印が押捺《おうなつ》されている。係員・係長・課長の閲覧を経て藤井市長の下に届いたものだった。

Oという人物の手紙は、次のような文面だった。

拝啓
美濃加茂市長　藤井浩人様

突然の便りお許し下さい。
私は、自分が犯した罪で今は
名古屋拘置所に拘禁の身です。
その前は、中村署に中森良正さんと
一緒に過ごした者です。
私は藤井様が逮捕される事は
知っていましたし、中森良正さんとは
私が拘置所に移送されてからは
中森さんとは文通をしています。
この度の事件は、とてもナイーブな
話しだと思いますが……
藤井浩人様が余りにも……
正直中森さんは私が言うのも
何んですが……詐欺氏《ママ》です。

そして、その中で、
この事件が、終って無いにも
かかわらず……次の仕事を考え
もちろん（詐欺の様な事）ですが
便りに綴《つづ》ってます具体的にも
便りに綴っていて仕事と中森さんは
言ってますが、ただの詐欺です。

（中略）
藤井浩人様が弁護団……の方が中森さんの
事を悪く言えば言う程、検察側が
中森さんを守ると……そして中森さんの
他の公判が有利に働いて検察側の
情状も良くなると本人は綴って
います。本人白《ママ》くそれが作戦との事です……。

中森さんの
弁護士と検察側の検事は知人、友人
との事で……検事が中森さんに
『一緒に闘って行こう、絶対に藤井さん

には負けないから、中森さん最後まで
一緒に戦って下さいね』と検事が
言って中森さんも苦笑との事ですが
私は7月中旬頃から今まで約20
通も手紙のやりとりしてますが……
もう止めるつもりです。
拘禁中にもかかわらず次の仕事を
私に頼んで来て私の友人の名前を借りて
会社を作ると中森さんは言ってますが
全てがウソの様な……気がします!!
私は犯罪者と言うレッテルが付いて
ますが……騙す事は嫌いです。
どうか藤井浩人様挫《くじ》ける事なく
市長と言う仕事をやりとげて下さい。
無学なので乱筆乱文ですが失礼します。
お身体の方ご自愛下さい。

敬具

O氏は、愛知県警中村警察署の留置場で中森の隣の房に収容されていた。名古屋拘置所に移送後も中森と文通を続けている人物だった。

そこに書かれていることのうち「拘禁中にもかかわらず次の仕事を私に頼んで来て私の友人の名前を借りて会社を作ると中森さんは言ってますが全てがウソの様な……気がします‼」というのが、中森の拘置所内での最近の行状のようだ。「私は犯罪者と言うレッテルが付いてますが……騙す事は嫌いです。どうか藤井浩人様挫ける事なく市長と言う仕事をやりとげて下さい」という最後の文面には、「詐欺師」に陥れられようとしている藤井市長のことを心配してわざわざ手紙を書いてきてくれたO氏の心情が滲《にじ》み出ている。


在監者から外部の人間への文書の発信については検閲がある。拘置所と検察は同じ法務省に属しており、事件の中身に関することや検察官と被告人の関係のことについて手紙に書いた場合に、検察に報告されるのではないかと思う人間も多いはずだ。

信書の発信について制約を受けている拘置所在監者が、刑事事件に関する微妙な内容を書いた手紙を、被告人本人宛てに出してくれたのは驚きだった。

「中森のO氏宛ての手紙」の入手

O氏の藤井市長宛ての手紙は、中森の「詐欺師」ぶりと最近の動向を知る上で貴重な手掛かりとなるものだった。しかし、第三者のO氏が書いたものなので、それだけでは藤井市長の裁判の証拠にはならないし、使う余地もほとんどない。O氏の手元にあると思われる中森の自筆の手紙を入手して、中森の証人尋問で反対尋問に使うことができれば、大きな攻撃材料になる。

何とかして入手したいと思った。しかし、10月1日から始まる中森の証人尋問は、9日後に迫っていた。

名古屋拘置所に在監中のO氏に何とかして面会する必要があった。そのために動いてくれたのが、弁護団に加わっていた愛知県弁護士会の山内順《やまうちじゅん》弁護士だった。私が関西大学社会安全学部特任教授として、大学院で社会的危機管理論の講義を担当していた際の、聴講者の1人だった。その時に、「名古屋の弁護士」として山内弁護士の名前を覚えていた私は、藤井市長が起訴された時点で、弁護団に加わるよう要請し、それ以降、東京にいる私に代わって、名古屋の弁護士でなければできない弁護人としての対応を、フットワーク良くこなしてくれていた。

山内弁護士に、まずO氏の弁護人を突き止め、弁護人に面会を了解してもらい、できれば、事情を説明して、協力してもらおうと考えた。

しかし、O氏については、「名古屋拘置所に在監中の未決囚」としかわからない。どのような事件で勾留され、その裁判がどのような段階かもわからない。面会して協力を求めると言っても全く手掛かりがなかった。山内弁護士は、名古屋地裁の刑事の受付に連絡して、まず被告人名から係属部がどこであるかを調べ、係属部に連絡を取った。通常は、弁護人の名前は第三者には知らせないことになっているが、山内弁護士と面識がある書記官だったので、何とか頼み込んで、担当弁護人の名前を教えてもらうことができた。それは、偶然にも、山内弁護士と面識のあるS弁護士だった。

しかし、S弁護士に連絡を取ろうと何度電話を入れてもつながらず、FAXを入れても連絡が来ず、S弁護士の事務所へ行っても、事務所は閉まったままで誰にも会うことができない。

中森の証人尋問の日が一日一日と迫ってきていた。

　9月26日になって、ようやく、S弁護士から、山内弁護士宛てに電話があった。事情を説明し、O氏への接見に同席させてもらうよう頼んだところ了解してくれた。しかし、S弁護士の拘置所での接見で、O氏に、美濃加茂市長の弁護団が面会を希望していることを伝えてもらう日程が、すぐには取れない。中森の証人尋問が迫っていることを説明し、29日に、S弁護士に朝一番で拘置所に行ってもらい、山内弁護士が同行することになった。こうして、ようやく、山内弁護士がO氏に接触できることになった。

　29日午前9時、山内弁護士が、名古屋拘置所で初めてO氏と面会した。

　S弁護士とともに面会室に入ると、アクリル板の向こうに、体格の良い、坊主頭の男性が、手にノートを持って立っていた。だぼだぼのTシャツに短パン姿の男性は、見るからに、かたぎという感じではなかった。座って下さいと声をかけるまで、椅子に腰掛けることもせず直立不動で立っていた。

　中森の証人尋問までに、とにかく時間がなかった。しかし、初めて面会に来た山内弁護士にとって、まずは、O氏に信頼してもらうことが必要だった。

「今日は、S先生と一緒にお話しさせてもらい、有難うございます。Oさんが、美濃加茂市長宛てに書かれた手紙のことでお話を伺いたくてきました」

　O氏は、その手紙のことで、何か迷惑でもかけたのかと思っているようだった。

「すいません。藤井市長は、本当に大変だと思っただけです。突然、市役所に自分のようなものが手紙を書いてすみませんでした、勝手なことをしてしまって」

と、頭を下げた。

「いや、謝ってもらうことではありません。我々藤井市長の弁護団にとっては、Oさんが藤井市長に貴重な情報を提供してくれて本当に有難かったのです。Oさんが手紙に書いていること以外に、中森のことについてお話を聞きたいのです」

O氏は、驚いたような表情をしていた。

山内弁護士は、話題を変え、しばらく、O氏自身のことについて、どうして逮捕・勾留されているのか、裁判はどう進んでいるのかなど話を聞いた。

「何か困っていることはありませんか。私の方で力になれることがあれば何でも言ってください」

といったようなことを話しているうちに、O氏は、次第に心を開いてくれているように思えた。そこで、あらためて藤井市長宛てに出した手紙を話題にした。手紙の内容について一つひとつO氏に確認をしていった。

そして、山内弁護士が、これまで中森から受け取った手紙を、すべて弁護団に提供してもらえませんか、と言ったところ、O氏は快く応じてくれた。

翌日、山内弁護士は再び拘置所のO氏と面会した。そこで、中森から受け取った手紙の「宅下げ」（在監者の所持品を外部者に移転すること）の手続が完了した。

山内弁護士が、O氏が拘置所内で所持していた20通余りの中森の自筆の手紙を入手できたのは、中森の証人尋問の前日の9月30日の午前中だった。

同日午後、翌日からの中森の証人尋問に備えて、私は、名古屋に移動し、愛知県弁護士会館で山内弁護士と会い、中森の自筆の手紙を読むことができた。

「O氏宛て手紙」をどう活用するか

手紙には、O氏の市長宛ての手紙に書かれていたことを含め、中森供述の嘘を追及する材料が多く含まれていた。

問題は、その手紙をどう活用するかであった。

O氏から入手した中森の手紙を証拠請求しようと思えば、検察官に開示しなければならない。証人尋問で、その手紙を示して追及するのであれば、事前に検察官に手紙を示しておく必要がある。

しかし、融資詐欺の犯行態様からも、O氏が言っていることからも、典型的な「詐欺師」だと思える中森は、検察官を通じてO氏に出した手紙が弁護側に渡っていることを知れば、巧妙な「言い逃れ」を考えてくるに違いない。

そこで、手紙は証拠請求せず、事前に検察官に示すこともせず、反対尋問での追及材料として「隠し玉」にしておくことにした。証人尋問で、手紙の内容を口頭で中森に確認し、もし、手紙を出したことや内容を否定するようであれば、その場で検察官に示した上で中森に示すという作戦で臨むことにした。

10月1日、中森の証人尋問は、検察官の主尋問から始まった。

藤井市長を収賄で、中森を贈賄で起訴した主任検察官で、公判立会でも中心となっていた関《せき》口真美《ぐちまみ》検事が、分厚い質問原稿をほとんど「棒読み」して質問する。それに、よどみなく答える中森、内容は、ほとんど検察官調書と同じ、まるで、芝居の「台詞合せ《せりふ》」のようだった。

その日の主尋問の最後の場面、関口検事に、融資詐欺で勾留中に贈賄の自白をした理由について尋ねられた中森は、しばらく沈黙した後、話し始めた。

「刑事さんから、やってしまったことは消せないけど、ゼロになって帰ろうと言われたので、心から反省しようと思いました。全部話さないと本当の反省にはならないと思ったんです。一日でも早くゼロになって社会復帰したいと思って、すべてを話さなきゃいけないと決心しました」

そう証言しながら、何度も声をつまらせる。

「刑事さんから『嘘つき父ちゃんじゃ娘さんに顔を合わせられないぞ、なんかあるんだったら全部話をしろ』と言われて、贈賄のことを自分の方から話そうと思いました……」

途切れ途切れに話しながら、目には涙をため、言葉が出なくなった。

関口検事が検察官席から歩み寄って証言台の中森に近づき、

「落ち着いて話していいよ。大丈夫だよ」

と優しく声をかける。

法廷は静まり返った。裁判所書記官は、中森に、涙を拭《ぬぐ》うティッシュペーパーを渡してやろうとした。涙ながらの証言を聞いて、誰しもが、中森が証言している「藤井市長に賄賂を贈った」という話は本当だと思ったはずだ。

1日目の証人尋問を終えて、関口検事は、中森の「完璧《かんぺき》な証言」に満足げだった。

彼女は、翌日の反対尋問で何が起きるのか、わかっていなかった。

中森の反対尋問で「O氏宛て手紙」を活用

2日目、弁護人側の反対尋問が始まった。

私は、午前中の質問では、まず、「ゼロになって社会復帰する」ために、被告人に対する贈賄の自白をしたと供述したことに関して、考えている社会復帰後の仕事の内容について質問した。中森は、「実家に帰って訪問介護の仕事を手伝って給料を得て、返済に回そうと考えていた」などと証言した。

自分が犯した罪を真摯《しんし》に反省し、正業に就こうとしているという話だ。それが果たして本当なのか。いくつかの事実を中森にぶつけていった。

まず、中森が、それまでに行った犯罪の内容について確認した。悪質な融資詐欺を繰り返していたのと同時期に、勤務先の病院において事務長の立場で合計1億5000万円を横領し、それが途中で発覚。横領額の一部を返済し、残りを分割返済することにして、そのまま病院に勤務していたが、しばらくしてまた横領を始め、年間5000万〜6000万円もの金を、借金の返済や、キャバクラやクラブでの豪遊代に使っていた。

それだけの罪を犯していながら、中森は、病院からの横領については、月々5万円の支払で和解して刑事告訴を免れていた。そして今回は4億円近くの融資詐欺を犯しながら、そのうち2100万円の事実と、30万円の贈賄の罪で起訴されただけだった。

午前中の反対尋問は、検察官の開示した証拠からも明らかな「中森の行状」の確認にとどめた。昼の休憩時間に、中森と検察官との間で打合せが可能なので、その前に決定的な材料を出すのは得策ではないと考えたからだ。

そして、午後の尋問に入って、中森に、中村警察署で隣の房にいたO氏のことについて「あなたは、中村警察署で隣の房だったOさんという人、知ってますか」と確認した。中森が、「はい、知ってます」と答えるのを確かめた上で、O氏から入手した中森の手紙に目をやりながら、質問していった。

まず、警察に逮捕された後、今も勾留されている中森が、そこで何をやっているのか、ということだった。中森がO氏に書いた手紙では、勾留中の身でありながら、外国人を店に紹介して上前をはねる人材派遣事業を目論《もくろ》み、拘置所にいるO氏に手紙を出して、O氏の内妻に資金管理の仕事を手伝わせることを依頼していた。O氏は、自分の裁判も終わっていないのに、そのようないかがわしい仕事に他人の内妻を巻き込もうとしていることに呆《あき》れ果てていた。

中森に、こうした手紙を書いたかどうか質問した。中森は認めざるを得ない。

藤井市長の弁護人が4000万円の融資詐欺を告発したことを自分の弁護人から知らされ、「服役だ」と言われたことについて、O氏宛ての手紙の中で「どういうことですかぁぁぁ??執行猶予はぁぁぁ??」と書いていた。「藤井弁護団から、私の事を悪く言えば言う程、検察は私を守りに入ります。もちろんこれが公判では私に有利に働くでしょうし、検察側からの情状も出てくることになります」とも書いていた。

中森は、O氏に宛てて出した手紙の内容について聞かれ、そのほとんどを認めた。

中森が認めた事実からすると、中森の姿勢は、「やったことを全部話して、反省して、ゼロからやり直そうと考えて藤井市長への贈賄を自白した」という姿勢とは凡《およ》そ異なるものだった。融資詐欺・贈賄で勾留中の身でありながら、他人を手足に使って、いかがわしい事業を行うことを画策していた。4億円近くもの融資詐欺を犯しながら、一部だけしか起訴されなかったことで、抜け目なく、執行猶予になることを期待していたことも明らかになった。

中森が、1日目の尋問の最後に、贈賄を自白した動機について検察官から質問され、心の底から反省して真実を述べたと涙ながらに訴えたのも、「詐欺師」独特の演技であったとしか思えなかった。

「詐欺師」の本性を見抜いた裁判長

このようにして証人尋問で中森の「詐欺師」の本性が露呈したことが、中森証言の信用性についての裁判所の心証やその後の審理の進め方に大きな影響を与えることになった。

弁護人は、その後も、名古屋拘置所でO氏との面会を重ね、警察の留置場での中森の言動について話を詳しく聞いた。その中に、藤井市長への贈賄に関する供述経過に関する重要な事実もあったので、O氏の話の内容を陳述書にまとめ、証拠請求した。

予想されたことだが、検察官は、O氏の陳述書の証拠取調べには「不同意」だった。鵜飼裁判長は、弁護人が、O氏の証人尋問請求をするかどうかを確認してきた。しかし、私は、「証人尋問請求を、次回までに検討したい」と述べるにとどめざるを得なかった。O氏は、実刑判決を受けて服役を控えている身であり、藤井市長の事件とは、本来全く関係のない人間だった。美濃加茂市長宛ての手紙を書いたのは、「詐欺師」に負けないで頑張ってほしいと激励するのが目的で、まさか、市長の事件の公判に証人として出廷することになるとは思っていなかった。山内弁護士が、O氏との面会を重ね、中森に関する事実について陳述書にまとめ、確認・署名してもらっていたが、その際、「藤井市長の事件での証人としての出廷」の話などは全くしていなかった。罪を犯して勾留中の身で、公開の法廷での証人に引っ張り出されるなどということは迷惑極まりない話だった。到底、応じてくれるとは思えないというのが山内弁護士の話だった。

私は、O氏と直接会って、藤井市長の公判での証人尋問への出廷について、説得してみることにした。

山内弁護士とともに、名古屋拘置所に行き、面会の申入れをする。

弁護士控え室のアナウンスで面会室の番号を伝えられ、ドアを開けて面会室に入って待っていると、しばらくして、坊主頭で小太りの男性が入ってきた。山内弁護士から聞いていた通りの風貌の人物だ。

私は、藤井市長の弁護団に中森の手紙を提供してくれたことへの礼を述べた後、中森のことについて尋ねたり、O氏自身の境遇についても話をしたりした。そして、藤井市長の公判での証人出廷のことについて、率直なところを聞いてみた。O氏は、家族との関係で、それは絶対にできないと言った。「3年半の服役ですが、それでも待ってくれる家族がいます。自分にとって何の得にもならないことをやって、証人出廷になったと家族に知られたら、見捨てられるかもしれません」という話だった。

O氏の話は、十分に理解できた。これ以上無理は言えないと思った。留置施設内での「期日外尋問」という方法ならどうかということを聞いたら、「裁判所に行くのではなく、この拘置所に来てもらって話を聞かれるのなら、大丈夫です」と言ってくれた。

その後、私は名古屋地裁で、鵜飼裁判長と面談し、O氏と接触して陳述書作成に至った経緯を説明し、O氏の意向を伝え、「期日外証人尋問」で対応してもらえないかと尋ねてみた。本来、証人尋問は、公判期日に、公開の法廷で行うのが原則であり、期日外に、裁判所外で証人尋問を行うというのは、特別の事情がある場合だ。O氏の事情が、期日外で尋問を行う理由になるかと言えば、かなり難しいことは否定できなかった。

鵜飼裁判長も、「期日外でできるかどうか、検察官の意見を聞いた上で、判断するしかありません。証人尋問請求があれば検討します」と言うだけだった。私は、期日外で尋問をすべきだという意見とともにO氏の証人尋問請求を行った。

鵜飼裁判長の言葉から、何とかしてO氏の証人尋問を行って、O氏から中森という人物について、直接話を聞いてみたいという意向が窺《うかが》われた。

その後、私は、何回も名古屋に出向いて、拘置所でO氏に面会し、説得を重ねた。最後は、傍聴席と遮蔽《しゃへい》措置をとることを条件に、しぶしぶ証人出廷に応じてくれた。

手錠腰縄で拘束された状態で公開の法廷に出ることはO氏の名誉・プライバシーの侵害につながる。本来事件とは無関係のO氏の立場に配慮し、傍聴席との遮蔽措置をとって尋問が行われた。

その証人尋問で、O氏は、警察署の留置場の隣り合った房で、壁越しに中森から聞いた話について証言してくれた。特に重要だったのは、「中森が、『藤井市長の話を出せば詐欺の起訴がストップする』と言っていた」との証言だった（その証言は、一審判決の中でも、中森が、融資詐欺の起訴を免れるために、贈賄供述をした可能性の根拠の一つとされ、控訴審判決でも認定されている）。

「詐欺師」と女性主任検察官の「特異な関係」

弁護人が行っていた中森の4000万円の融資詐欺の告発については、「10月20日付け起訴」の処分通知が届いた。その事実を半年も前に把握しながら、捜査の対象にすらせず不問にしていたことが適切ではなかったことを検察として認めざるを得なかったということだ。それまで不問に付されていた融資詐欺が起訴されたことで、その「詐欺師」が検察の捜査・処分で不当に優遇されていたことが明らかになった。

しかし、中森という「詐欺師」の正体を知れば知るほど、検察は、なぜ、そのような人間の供述を頼りに現職市長を起訴したのか、そのような人間の証言を頼りに有罪立証を行ったのか、そもそも、なぜ、警察の現職市長逮捕の方針を了承したのかが疑問に思えてくる。

これらの点について、名古屋地検内部で、或《ある》いは、検察の組織内部でどのような検討が行われ、どのように判断されたのかはわからない。しかし、中森の事件の主任検察官の関口真美検事と中森との関係は、少なくとも起訴された被告人と、起訴検察官の通常の関係とは大きく異なっていた。関口検事は逮捕前から中森の取調べをすべて担当し、贈収賄等で2人を起訴した後、公判前整理手続にも公判にも、すべて主任検察官として対応してきた。それが、検察が、中森供述に全面的に依存して藤井市長を起訴し、有罪立証に突き進んだことにつながる一つの要因になったことは否定できないように思える。

担当検察官に関する「中森の手紙」の内容

中森と関口検事との「特異な関係」は、O氏が弁護団に提供した中森の「O氏宛ての手紙」の内容とO氏の証人尋問から明らかになった。

既に述べたように、我々弁護団は、中森の証人尋問の前日にO氏から中森の手紙を入手し、私が、入手したばかりの「O氏宛ての手紙」の内容を読み上げながら、その内容を中森に確認していった。その結果、中森は、関口検事との関係について、以下のように証言した。

①検事とは1か月以上にわたってほとんど毎日のように朝から晩まで打合せをしている
②藤井市長の公判では相当なことを言われるが、（中森の公判では）検事は批判めいたことは言わず、すんなり終わらせると検事から言ってもらっていると手紙に書いた
③検事から、「絶対に負けないから一緒に頑張ろう」と言われた
④検事から、「絶対藤井には負けないから、中森さん最後まで一緒に闘ってくださいね」というようなことを言われた
⑤告発の件も今後どうするか検察庁で協議中だということを、弁護人から聞かされた
⑥O氏宛ての手紙に「10月1日、2日の証人尋問が終わるまでは必死にやっていかなければならないから大変です。失敗は許されないので」と書いた
⑦「弁護団から聞かれることに対して私が答えられないこと」が失敗だと思っていた

まず、明らかに異常なのが、①の「1か月以上、毎日のように朝から晩まで」行われていたという「打合せ」である。検察官が行う主尋問の予定時間は半日に過ぎなかった。その程度の証人尋問の準備のために、それだけの膨大な時間をかける必要があるとは考えられない。

検察官が証人尋問の前に証人と面接して、証言内容の確認、記憶喚起を行うことは「証人テスト」と言われ、刑訴規則上も、証人尋問の準備として認められている。しかし、この事件では本来の目的を逸脱し、その実態は、証人尋問での対応についての「打合せ」であった。記憶喚起のレベルを超え、証言内容の作出、弁護人の反対尋問に対する対策協議に近いものだったことは明らかだ。

しかも、関口検事と中森との間で行われた「打合せ」の特異性は、回数・時間だけではない。中森は関口検事から「一緒に頑張ろう」「一緒に闘ってくださいね」などと言われたと認めている。中森は贈賄で起訴された被告人、関口検事はその中森を起訴した検察官である。しかも、本来であれば、当然、立件して起訴すべき、悪質・重大な多額の融資詐欺の余罪も多数あったのである。それを全て不問にし、2人は、藤井市長という「共通の敵」と一緒に闘っていたというのである。

「弁護団から聞かれることに対して私が答えられないこと」が「失敗」だと考えていたというのも、中森のような立場の人間にとってあり得ない話だ。刑事裁判で証人尋問に出る証人は、本来、記憶のとおりに証言すればよく、それ以上に、「成功」も「失敗」もないはずだ。ところが、中森にとっては、関口検事と打合せたとおりに証言することが「成功」であり、それができなければ「失敗」だというのである。
「公判では私に有利に働くでしょうし、検察側からの情状も出てくることになります」とＯ氏宛ての手紙で書いたことも認めているが、この「検察側からの情状」というのは一体誰が出してくれるのか。中森が藤井公判で「一緒に闘っている」関口検事であることは明らかだ。関口検事に協力して、藤井公判で、打合せどおりに証言することが、中森自身の公判で「検察側からの情状」つまり、情状酌量の余地があることを検察側が述べてくれることで、中森に有利に働くことを期待するものであることは明らかだ。

そして、中森の証人尋問で「藤井市長の弁護団が中森を告発したことへの対応を検察内部で協議中」とＯ氏宛ての手紙に書いたことを中森が認めたので、私が、「誰から聞いたのか」と質問すると、関口検事は、「異議」と言って割って入り、「弁護人にお伝えしています」と述べて、検察内部での協議のことを中森の弁護人に伝えていたことを自ら認めた。

これらの事実から窺われるのは、関口検事が起訴した藤井市長の有罪立証のために中森が協力し、一方で、中森の側は、その協力の見返りとして、自己の刑事事件についての有利な取扱いを期待しているという「互恵関係」である。両者の関係は、贈賄の被告人と、それを起訴した検察官の関係とは凡そかけ離れたものだった。

証人尋問の初日の最後に、贈賄自白を行った心情を涙ながらに訴え、声をつまらせる中森に、関口検事が近づいて「落ち着いて喋《しゃべ》っていいよ。大丈夫だよ」などと、親密な関係の男女のような励まし方をしたのも、中森と関口検事の関係が、通常の贈賄被告人と起訴検察官の関係とは異なるものであることを象徴する光景だった。

「中森の言い訳」と「検察の主張」

弁護人からO氏に宛てて出した手紙の内容を聞かれ、その内容を認めざるを得なくなったことは、中森にとって全く予想外のことであり、検察官にとっても、大変「不都合」なことだった。

再度、証人尋問が行われた際に、中森は、O氏との関係について、「所詮《しょせん》、留置場で知り合った仲で、大した関係でもない」「嘘を書いていることもたくさんある」などと証言した。また、検察官は、論告で、中森のO氏宛て手紙の中の、検察官との特異な関係を窺わせる部分に関して、「これらは、いずれも、中森が証言しているように、Oから中森のことを追い込む手紙が送られてきたため、Oに対し、脚色しつつ反抗的な言葉を使って記載したものであると認められる」と主張した。

しかし、中森が、人材派遣の仕事についてO氏の内妻に資金の管理の仕事をしてもらうよう手紙で執拗《しつよう》に依頼していることなどからすると、O氏との関係は決して「大した関係でもない」というようなものではないことは明らかだ。また、藤井弁護団の告発を受け、弁護人から服役だと言われた時の、「どういうことですかぁぁぁ⁇ 執行猶予はぁぁぁ⁇」などという表現は、明らかに感情を正直に表現しているものであり、執行猶予判決を期待していた中森が、弁護人の告発でその可能性がなくなった旨を聞かされて、落胆したことが端的に表れている。中森がO氏宛ての手紙で述べていることは、事実と大きな相違はなく、同人の考えや心情にも概《おおむ》ね近いと考えられる。

また、手紙の中で「！」や「苦笑」「笑」等を多用していることからしても、検察官が主張するような、「反抗的な言葉」で書いたものではない。

このことからも、中森が、O氏宛ての手紙の中の検察官との特異な関係を窺わせる記載について「脚色しつつ反抗的な言葉を使って記載した」と述べたのが、その場しのぎの言い逃れであることは明らかだった。

一審裁判所は、このような「中森の言い訳」や「検察官の主張」は問題にせず、O氏宛ての手紙で中森が認めざるを得なくなった事実を、判決で多数引用し、中森証言の信用性を否定する根拠として採用した。

中森の弁護人と関口検事は「旧知の間柄」

中森と関口検事が、どうして、このような「近い関係」になったのか。その手掛かりとなるのが、中森との対質尋問でのO氏の証言である。O氏は、「本人が私に言ったことと手紙に書いたことですけど、自分の弁護人と藤井の事件の担当検事とは旧知の友人知人の仲だと、だから常に連絡を取り合って」と証言している。しかも、その証言の際、O氏に送付された中森の手紙が、検察官にも事前に開示された上で示され、そこに中森の自筆で、「ご存じの通り、私の弁護士と検事は知り合いです。いろいろと交渉してくれてる様です」と記載されている。

中森の弁護人と関口検事とが「旧知の間柄」であることが、中森と関口検事との間の「持ちつ持たれつの関係」に影響した可能性がある。

いずれにせよ、藤井市長が、謂《いわ》れのない罪で逮捕・起訴されてしまったのは、関口検事が中森という「詐欺師」の供述の重大な問題点に気付かなかったか、見過ごしてしまったことによるところが大きい。第6章で述べたように、初めて贈賄の供述をした時点では、2回目の現金授受のみを供述し、1回目の授受を供述していなかったこと、当初の警察での供述調書では、中森と藤井氏の2人となっていたのが、関口検事の取調べで検察官調書を作成する時点ではT氏を含めた3人に変遷していることは、供述経過に関する重大な問題点だ。しかし、関口検事がそれらの問題点を認識していたようには思えない。関口検事は、当初から、中森という「詐欺師」に見事に取り込まれていたのである。

中森の留置場での言動に関する「もう一つの証言」

もう1人、「詐欺師」としての中森の「人となり」について、弁護人に貴重な証言をしてくれた人物がいた。O氏と同様に、中森の隣の房に収容されていたY氏であった。Y氏は、藤井市長に対する一審無罪判決が出て、検察が控訴した後、中森とやりとりした内容について、弁護人に情報を提供してくれたのだった。

中森は、自分の贈賄自白の動機について証言させたい内容をY氏に口述筆記させ、Y氏に、中森が贈賄者となっている収賄事件の公判に出廷して証言させようと画策していた。その際、Y氏の逮捕・勾留事実であった自動車窃盗についてY氏が自白した理由についても中森が「作文」し、Y氏が中森から言われるままにメモさせられていたとのことだった。

以下は、Y氏の供述内容を弁護人がとりまとめ、本人が確認して署名した陳述書だ。

1　私は、平成26年3月11日に逮捕され、愛知県中村警察署に留置されました。その後、同年9月19日に名古屋拘置所に移監されて、以後、翌年2月に、名古屋高等裁判所で執行猶予付きの判決を得るまでの間、同所に収容されておりました。現在、私は、私を信頼して執行猶予の判決を言い渡してくださった高等裁判所の裁判官の方々、また、応援してくれる兄弟、両親、友人らの思いに背かないように、日々、更正に向けて努力している身です。

2　私は、中村警察署においては、美濃加茂市長の藤井浩人氏に賄賂を贈ったと供述している中森良正が、同年9月10日頃に名古屋拘置所へ移監されるまでの間、中森の隣の雑居房におりました。私が逮捕された時には、すでに中森は中村警察署にいる状態でした。その後、同年4月2日に、O氏が、私と同じ雑居房に入ることになり、同年7月13日に、O氏が名古屋拘置所へ移監されるまでの間、私は、O氏と同房で生活をしておりました。

3　中村警察署の留置場は、各房がそれぞれ壁で仕切られてはいますが、各房の通路に面した入口側の面も、その反対側のトイレ側の面も、鉄格子になっている部分があり、音が通りやすい構造になっています。そのため、各雑居房の内部者の間だけでなく、隣の房に留置されている者と会話をすることも十分に出来ました。また、私やO氏は、より会話がし易いように、中森と申し合わせて、それぞれトイレ側の面に移動し、隣の房の中森と会話をすることもよくありました。

4　前記のとおり、私は、平成26年3月11日に逮捕されたのですが、その約2日後、弁解録取のため、名古屋検察庁の担当検事の元へ向かう際、検察庁へ取調べに呼ばれていた中森と一緒のバスに乗り合わせました。そこで顔を覚えられたからか、その後、中村警察署へ戻ると、中森の方から私に対し「バスにいた子でしょ?」と話しかけられ、「そうです」と答えると、自然に、お互い「何やってここ来てるの?」といったことに関して話すことになりました。その過程において、私が中森に対して、自身の被疑事実を否認していることを話すと、中森は私に「そんなことしてると心証悪くなるじゃん。良くなくない? 話したほうが良いよ」といった風に、やたらと捜査官の心証を気にし、今後は捜査官を味方につけるような対応をした方が賢明だというアドバイスをもらいました。その文脈において、中森は私に対し「俺は、今から大きく世間を騒がすことを言おうと思っている」「マスコミもすごい期待している」と言ってきました。中森は、そうすることで、より捜査官の心証が良くなると考えているようでしたが、私の感覚では、仮に、他に余罪等があったとしても、それらが捜査機関に知られていないのであれば、どうにかしてそれらについては黙っておこうと考えるのが自然なのに、中森は、どうしてめくれてもいないことを捜査機関に自分から言おうとしているのか、全く理解ができませんでした。現に、中森からは、詐欺事件に関し、自分のやったこと全部を捜査機関に伝えているわけでない、といったことを事前に聞いていましたので、私には、中森が何を意図しているのか不思議でなりませんでした。

ほどなく、私は、中森から「今日、話してきた。若い市長にお金を渡した」と言われ、中森が言っていた「世間を騒がすこと」とは、美濃加茂市長への贈賄のことであると知ることになりましたが、中森は、平成26年3月中旬から連日のように取調べに呼ばれるようになり、中森は、検察庁へ取調べに行く際に、バスの中から中村警察署の玄関にマスコミが詰めかけている様子を見ては「今日も、報道陣すごかったわ」などと言って、世間の騒ぎ具合を楽しんでいるように見受けられました。

5　美濃加茂市長の藤井氏が、平成26年6月24日に逮捕されましたが、その後、留置場内を回覧する新聞のうち1面などに黒塗りの部分があると、中森は得意気に、たびたび「これ、俺の。市長の記事」と言っていました。私は、前記のとおり、3月中旬頃には、中森が警察に藤井氏にお金を渡したことを言ったと聞いておりましたので、どうして藤井氏の逮捕までに、このように3ヶ月以上もかかっているのか疑問でなりませんでした。中森からは、逮捕の少し前くらいに、藤井氏が海外に行く予定があるので、その前かその後か、悩んでるみたいだったけど逮捕は海外から帰ってからにするみたい、といったようなことも聞いておりました。さきほども述べましたが、中森は、3月中旬以降、兎《と》に角《かく》、毎日のように藤井氏の件で取調べに呼ばれていましたので、その間を通じて、警察や検察の担当者から、このような重大な事柄まで教えてもらえるような関係になったんだ、と思うとびっくりして聞いたのを覚えています。

6　私は、他にも、中森から「警察では、クラブなどで豪遊していたことを調書に取られていた。でも、そのままだと自分の印象が悪くなって、情状が悪くなるので、検事には、それを調書から消してもらう方向で了解してもらった」といったような内容の話も聞きました。中森は、私が中村警察書の留置場にいる間中、ことあるごとに、「俺は夜の帝王だ。錦《にしき》で豪遊していたから、錦に行けば、どこにいてもわかってしまう」というようなことを言っていましたが、私の感覚では、検事は、私たちのような犯罪をした者を追及する立場で、一度、悪い情状の方向で作成された調書をもみ消してもらうなどということは到底してもらえるものではない、と考えていましたので、どうして中森だけが、そういった扱いをしてもらえるのだろうか、という思いで、びっくりして聞いておりました。実際には、このあたりの話は、警察段階では調書に記載されていた内容を、検事段階では調書に記載しないことを了承してもらったということだと思いましたが、そうだとしても、私との扱いの差には大変驚きました。そういった不公平感も有り、この点に関しても、今でも強く記憶に残っています。

7

O氏が移監された後、私は、中森から、藤井氏の裁判で、私が証人として出廷する可能性があると言われたことがありました。中森によれば、中森が、捜査機関へ藤井氏への贈賄を話すことになったきっかけは、私と一緒に「お互いに全部話そう」と話し合った結果だということらしく、このあたりのことを法廷で話してもらうことになるかもしれない、ということでした。中森が、私のことを関口検事に話したところ、関口検事から、私の犯罪事実や担当検事の名前を聞かれ、中森がそれに答えたところ、関口検事は、当時の私の担当の坊野《ほうの》検事から私の調書を取り寄せて確認し、私の公判のスケジュールをカレンダーか何かに「Yさん公判」といった具合に書き入れていたそうです。関口検事は、私の担当検事である坊野検事もいるフロアの「主任」にあたるということで、正直なところ、この話が出たとき、私は、私も関口検事に協力をすれば、私の担当の坊野検事を通じて、私の裁判が少しでも有利に運ぶのではないかと期待をする気持ちになっていました。私が、このような気持ちになったのは、中森からいろいろと話を聞くにつれ、現実に、中森は、関口検事に協力することによって、すでに作成していた調書の内容を消してもらっただけでなく、後記のとおり、求刑の点など、自分の裁判を有利な方向に持って行っているという印象を強く持っていたからです。そんな思いもあり、私は、中森に対し、冗談っぽく「司法取引してるの？」と聞いたことがありましたが、中森は否定するわけでもなく、回答を避けているような感じでした。

私は、このとき、中森から「紙持ってこい。メモっとけ」と言われて、留置場のトイレ側へ呼ばれると、証人に呼ばれた場合に備え、中森が言うことを書き留めておくように指示をされました。実際に中森から聞いて、その場で書き取ったメモがありますので、それを本陳述書に添付させていただきます。メモの中に「ゼロになって」というフレーズがあるのですが、このフレーズは中森のお気に入りで、私にもどうしても使わせたいようでした。すべてが嘘というわけではありませんでしたが、私が否認するのをやめて、被疑事実を認めることになった理由等も含め9割方は、中森の作文でした。中森は、私にメモを取らせると、証人として証言するときには、つっかえつっかえだと印象が悪いので、スラスラしゃべれるように、メモの内容は何度も読んで覚えておくようにと指示をされました。中森によれば、言葉がスラスラ出てこないと話を作っているように思われる可能性がある、とのことでした。前記のとおり、中森は、連日のように取調べに呼ばれていましたが、取調べから帰ってくると、大抵「疲れた。今から明日しゃべること考えんといかん」と言って、長いときには2、3時間もの間、部屋内をぐるぐると歩き回っていました。歩くと、頭がよく回転するとのことです。さらに、午後9時に消灯した後も、私たちは眠れずに、誰にというわけでもなく「もう、寝たかな？」と声を掛け合うことが多かったのですが、中森は「まだ、明日話すことを考えてる」と言って返すことが、何度もありました（名古屋駅の建物にかかっているトヨタの看板の電飾が、午前0時に消えることになっているのですが、それ以後に、中森が前記のような回答をすることも多々ありました）。

8　前記のとおり、中森は、同年9月10日頃に、私より先に、名古屋拘置所へ移監となったのですが、中森は、中村警察署にいる間ずっと、自分が執行猶予になることに自信があるようでした。

告発があったときも、検事からは「部下にやらせる。起訴することになるかどうかわからないが、求刑は変えない。2年半」といったことを言われていたとのことです。また、中森は、得意気に「今日、俺の話で関口検事が泣いたんだわ」「あの人、俺に情がある」などと言うこともありましたが、こういった話をたびたび聞いていると、中森と関口検事の関係は、犯罪者と訴追者の関係ではなく、男女の関係か？　と思えてしまうこともありました。

そして、中森の弁護人（元検事）と担当検事とは、もともと弁護人が検事時代に、上司と部下の関係にあったということで、弁護人が東京から名古屋へ来た際には、一緒に食事などにも行っていると言っていました。そして、弁護人からは、接見の際に「藤井氏のことを話したことは大きい。検事に求刑を下げてもらうように言ってみる」といったようなことを言われていたようです。

なお、一度、融資詐欺に関し、ある金融機関の弁護士が、中森に面会に訪れたことがあったそうですが、その際、その弁護士から「被害届は出さない」と言われ、中森が私に「ラッキー」と言っていることもありました。中森は、よく、自分が面会するのは、家族と自分の弁護人、そして、すごくお世話になっている大事な知人1人のみで、それ以外の者から面会の申し出があっても、それがたとえ弁護士であったとしても一切面会するつもりはない、と言っていましたので、私は、このとき、どうして中森はそれ以外の人と面会したのだろうか、と疑問に思っていたことを記憶しております。

9　さらに、私は、中森から、将来の融資詐欺の片棒を担ぐと言っても過言ではない、次のような話もされていました。

私は、3人いる男兄弟の長男ですが、逮捕される前から、弟の1人（三男）と、いずれは車を扱う店を出したいと話していました。弟は、今も車の板金や塗装をしており、私は車のカスタムを得意としていましたので、弟と一緒に、これらの業務の他、中古車販売等もしていきたいと考えていました。そして、ある程度、中森と気心も知れるようになり、お互い社会復帰した後のことについても話すようになったとき、私は、中森に対し、このような将来の夢も伝えていました。

そうしたところ、ある時、中森から「新しく店をやるとしてもお金はどうしようと考えているの」と聞かれたことから、「まだそこまで具体的な話にはなっていない」と答えたところ、「俺がお金の引っ張り方教えてやるよ。国金とかそういうところからの」などと言われました。このときは、私は単純に、起業にあたっての何か銀行融資のいいやり方でもあるのかな、という程度で聞いていたのですが、その後、中森からは、「俺、良いアイデアが浮かんだんだけど」などと言われ、車屋のフランチャイズ化やクラブの営業、そして、リゾート開発といった壮大な話までされるようになりました。そして、そういった事業をするには、当然に金融機関からの借入が必要になるということで、中森がコンサルタントのような形式で、私と弟の事業に関わってもいい、といったことも言われるようになってきました。その際には、中森は私に対して、「金融機関から、1年目には数千万、2年目にも数千万、3年目には億単位で」とか「金融機関からの借入には、事業計画書とかがいるんだけど、そういうの俺が作るから。内容は嘘でもいいんだわ」とか「友達で、事業始めて1年目、2年目のやついない？　もし金融機関からの借入で、返済が遅延してなかったら、ある程度信用ができてるから、もっと借りさせてやれるんだけど」といったようなことを言ってきました。さらに、中森は私に対し、こういったことをするにあたっては、罪を犯して捕まったことがある私では金融機関が通してくれないので、弟の名前でやることになるから、弟にそう伝えておいてくれ、とまで言ってくるようになりました。中森からは、こういった話が出る前から、自分が逮捕されることになった理由は、金融詐欺を働いたからだと聞いていたこともあり、ここまで来ると、さすがに私も、中森は私や弟を金融詐欺に巻き込もうとしているんだと理解しました。

中森は、私だけでなく、中村警察署で私と同房であったO氏にも、後に中村警察署に留置されるようになった韓国人の方にも、同じようなことを言って誘っていました。中森は、逮捕されてもなお、今度は自分だけでなく、人まで巻き込んで同様の融資詐欺をしようとしていたのであり、当時、私は中森に対して、腹立たしさを感じるとともに、全く懲りてないんだな、と思ったことを記憶しております。

一般的には、捜査機関とのヤミ取引がなければ、多額の詐欺の立件を確実に免れるものではなく、かえって、自分がやってもいない罪も含めて余計に重く処罰される可能性があるので敢えて虚偽供述まで行ったりはしない。ましてや、一から虚構の話を作り上げたりはしない。その点に関して、Y氏の供述は極めて重要な意味を持つ。中森は、「他人の自白の理由」まででっち上げて、自分の贈賄自白が信用できるもののように装おうことを画策するなどという、一般的には理解し難い行動をとっていたというのである。

Y氏が供述する中森の言動は、贈賄の事実を自白し、収賄側の公判での証人尋問が予想される人間の行動として極めて特異なものだ。中森が、そのようなことをしてまで、自らの贈賄供述が信用されるよう画策していた事実は、中森の虚偽供述の可能性を判断する上で重要なものだった。

しかも、Y氏の話によると、中森は、悪質かつ重大な融資詐欺で勾留中の身でありながら、新たな融資詐欺を画策していたというのである。それは、中森が、証人尋問の初日の最後に、「ゼロになって社会復帰するために、すべてを話そうと決心した」などと涙ながらに行った贈賄自白の動機についての証言が全く嘘だったことを示すものだ。

意図的な虚偽供述を行った動機は、内心の問題であり、その点に関する真実は、供述者自身が虚偽供述を告白しない限り明らかにはならない。それだけに、中森の意図的な虚偽供述・虚偽証言の可能性に関しては、当時の言動等に基づいて総合的に判断することが重要となる。

中森が、他人の自白の理由まででっち上げて、それと同時に行った自己の贈賄自白が信用できるもののように装おうと画策するなどという一般人の常識からは考えられない行動をとっていたことについての、Y氏の供述は、O氏が法廷で証言したこととも相俟《あいま》って、中森の「詐欺師」としての人となりを示す、極めて貴重な証拠であった。

Y氏は、陳述書の内容について、どこに出て証言してもいいと言ってくれていた。そこで、第9章で詳述するように、控訴審で検察官の証拠請求が採用され事実審理が行われることになったのを受けて、Y氏の陳述書を弁護人側から証拠請求し、検察官が取調べに「不同意」だったので、Y氏の証人尋問を請求した。

第8章　当然だが、容易ではなかった「一審無罪判決」

2014年9月17日から始まった公判では、中森証言の信用性への疑問、警察・検察の捜査・立証の杜撰《ずさん》さが、次々と明らかになっていった。藤井市長逮捕から結審までの約半年、弁護人としてやれることはすべてやり尽くした。鵜飼裁判長の訴訟指揮の方向性、証人尋問・被告人質問での裁判所の質問の方向性などからしても、無罪の心証であることは疑いの余地がないように思えた。

無罪判決を確信し、自信を持って判決言渡しに臨むつもりだった。しかし、判決が近づくにつれ、私の胸中は次第に穏やかではなくなっていった。

無罪判決が出れば、現職市長を起訴して有罪論告を行った検察の面子《メンツ》は丸つぶれだ。これまでの日本の刑事裁判における検察と裁判所の関係、とりわけ、今回のような政治的・社会的に極めて重大な影響を及ぼす事件で、本当にそのような判決が出せるのだろうか。

しかも、マスコミ等を通じて伝わってくる検察側の感触は、「美濃加茂市長事件の判決は全く心配していない」というものだった。弁護人の弁論で検察官の論告はコテンパンに叩《たた》きのめした。それでもめげないというのは、裁判所が検察の意に反する判決を出すことはないという確たる見通しでもあるからだろうか。そういう懸念が、いくら打ち消そうとしても、頭から離れなかった。藤井市長逮捕から公判が結審するまでの半年間、全精力を傾けて、弁護に取組んできただけに、万が一、予想外の判決だった場合、私自身にとっても打撃は計り知れない。

判決言渡し

3月5日、藤井浩人美濃加茂市長に対する判決言渡しが行われる名古屋地裁。1時30分からの傍聴券の抽籤《ちゅうせん》には、一般傍聴の74席に対し、400人近くが列をなしていた。そして、午後2時に開廷、判決言渡しが始まった。

「主文、被告人は無罪」

鵜飼裁判長の言葉がはっきり聞こえた。

前年6月24日の逮捕の直後から、藤井市長の潔白を確信して、全力で弁護活動に臨んできた私にとって、待ち望んでいた判決そのものだった。

無罪判決を全く予想していなかったらしく、傍聴席の記者達は、脱兎《だっと》のごとく、法廷から駆け出していった。

裁判の経過からも、我々弁護団が主張・立証してきたことからも、無罪しかあり得ないと確信していた。しかし、検察が組織を挙げて取組み、面子にかけて有罪判決を得ようとする事件で、裁判所が現実に無罪判決を出すことが、いかに大変なことか。検事としての23年間を含め刑事司法に関わってきた経験からも十分過ぎるぐらいにわかっていた。それだけに、無罪判決は、本当に感無量だった。

判決後、藤井市長と弁護団の記者会見。その場には、「有罪視報道」の記事を書き続け、会見では、「市長の辞職の意思はないのか」としつこく質問をしてきた記者達の姿はなかった（弁護人の私と顔を合せたくないからかと思ったが、後で聞いたところでは、無罪判決を想定せず、「有罪原稿」しか用意していなかったので、急遽《きゅうきょ》、無罪判決の記事を書くのに追われ、記者会見に出る時間がなかったとのことだった）。

会見後、藤井市長と弁護団は、無罪判決を美濃加茂市民、市役所職員に報告するため、美濃加茂市に向かった。

「市長無罪」で歓喜に包まれる美濃加茂市

裁判長が主文を読み上げた直後の午後2時過ぎには、傍聴していた市職員からの電話で、市役所にも「市長無罪」の報が伝わった。副市長以下の執行部らが会議を行っていた部屋には、その知らせが届いた瞬間、歓声と拍手が湧き上がった。市長不在の間、職務代理を務め、市長を信じて支え続けてきた海老副市長は、「市長を信じていたが『起訴されれば99％有罪』と聞いていたので精神的に辛《つら》かった。明日から、スカッとした気持ちで市長を支えることができる」とコメントし、ほっとした表情をみせた。

午後7時、藤井市長と弁護団が美濃加茂市役所に到着。市役所に詰めかけた市民、市役所職員に迎えられ、藤井市長は市庁舎に入った。

その後、記者会見を行うために市役所隣の生涯学習センターに移動。そこにも支援者や市民らが多数駆けつけ、待ち望んでいた無罪判決を喜んだ。
翌日、無罪判決後初めて出勤した藤井市長は、まず初めに、部課長ら12人が出席する臨時の幹部会議を開き、裁判の結果を報告、行事の見通しや議会対応を確認した。

無罪判決が中森証言の信用性を否定した理由

無罪という結論を導いた一審判決は、その判決理由でも、事件の性格、中森証言の信用性評価の方法などにも言及し、丁寧に証拠評価、事実認定を行っていた。
判決では、公訴事実の要旨、当事者の主張、公判供述や供述調書の概要等に続いて、本件の最大の争点である「贈賄供述の信用性」についての検討を行っている。それは、私が弁護人として主張してきた、「意図的な虚偽供述が疑われる場合」の供述の信用性評価の在り方についての主張を基本的に受け入れたものだった。一方で、それは、中森供述の信用性についての検察官の主張を根本的に否定するものだった。

まず、この事件の特徴と、中森供述の信用性評価の基本的視点について、次のように、述べている。

本件各現金授受に関しては、第三者による目撃供述はなく、また、後述のとおり本件各現金授受の点を直接に基礎付ける客観的で決定的な証拠も存在しない。そうすると、本件各現金授受の事実を基礎づける証拠としては、贈賄者である中森の公判供述があるのみであるところ、被告人はそれらの機会に現金を受け取った事実を捜査段階から一貫して否認していることなどから、中森の公判供述の信用性判断は特に慎重に行う必要があるものといえる。
その上で、
中森の公判供述は、全体として具体的かつ詳細なものであり、ガストにおける3人の飲食内容や飲食代金の支払状況については客観的資料の裏付けが存在する上、被告人に対してガストで交付したとする現金10万円及び山家で交付したとする現金20万円の各原資に関しても一定の裏付けも存在し、弁護人からの反対尋問にも揺らいでおらず、供述内容に矛盾を含むなど明らかに不合理な内容も見受けられない。
として、検察官の論告での「中森供述が信用できるとする根拠」の核心部分を認める判示をしている。そして、その「中森の供述が具体的かつ詳細であること」に関して、
中森のような会社経営の経験があり、また、金融機関を相手として数億円の融資詐欺を行うことができる程度の能力を有する者がその気になれば、その内容が真実である場合と、虚偽や誇張等を含む場合であるとにかかわらず、法廷において具体的で詳細な体裁を備えた供述をすることはさほど困難なことではない。加えて、本件では、中森は、平成26年10月1日の第2回公判期日及び同月2日の第3回公判期日で実施された証人尋問に臨むに当たり、検察官との間において相当入念な打合せをしてきたものと考えられる上、隣房者との間で対質の方法により行われた第7回公判期日で実施された証人尋問に臨むに当たっても、検察官との間で6、7回に及ぶ打合せを行っていたというのであるから、公判廷において、客観的資料と矛盾がなく、具体的かつ詳細で不自然かつ不合理な点がない供述となることは自然の成り行きといえる。
と述べて、中森が関係資料に整合するように供述を整えた可能性を指摘している。

これらを受けて、中森の公判証言の具体的内容に関して、第1現金授受の現場での重要な点についての説明の欠落が、現金交付の状況についての具体的かつ詳細な説明と対比して不自然であること、現金交付の際の心情が述べられていないこと、第2現金授受について、同席者の離席との関係で、現金交付の際に不合理な行動をとっていること、などを指摘し、捜査段階における中森の供述経過、記憶喚起の経過に関して、中森の説明内容に疑義があること、重要な事実に関して変遷し、不自然であること、客観的な事実を示されて、それに符合するような供述を行った可能性があることなどを指摘している。

これらの事実から、第1現金授受（4月2日ガスト美濃加茂店での10万円）について、「果たして中森自身において第1現金授受の事実に関して自ら経験した事実を語っているのか疑問と言わざるを得ず、現金授受を一貫して否認する被告人供述、被告人と中森を席に残してドリンクバーに立った事実を否定するT氏の供述を排斥することはできない」、第2現金授受（4月25日山家住吉店での20万円）についても、中森がその実行に当たりその前提となったと述べる第1現金授受の存在が認定できないことなどを理由に、「果たして中森自身において第2現金授受に関して自ら経験した事実を語っているのか疑問」と結論づけている。

従来の刑事事件では、検察官の立証においては、「具体的かつ詳細」「裏付けがある」「一貫している」というような要素が認められれば、「供述は信用できる」と判断されるのが一般的だった。

しかし、藤井市長に対する名古屋地裁判決は、中森の贈賄供述について、そのような一般的な供述の信用性の要素は認められるとした上で、中森と検察官とが「入念な打合せ」をしていることなどから「具体的で詳細な体裁を備えた供述をしている可能性がある」として、「供述の信用性が供述者によって作り出されている疑い」を指摘し、供述の信用性を否定したのである。

そして、判決の最後に「中森の虚偽供述の動機の可能性に関する当裁判所の判断」という項目を設け、中森が意図的に虚偽供述を行う動機に関して、

捜査機関の関心を他の重大な事件に向けることにより融資詐欺に関するそれ以上の捜査の進展を止めたいと考えたり、中森自身の刑事事件の情状を良くするために、捜査機関、特に検察官に迎合し、少なくともその意向に沿う行動に出ようと考えることは十分にあり得るところである。

と述べた後に、次のように判示している。

現に、中森は、平成26年9月頃、かつて愛知県中村警察署に収容されていた当時に隣接する収容場所にいたO氏に対して、被告人の弁護団から4000万円の融資詐欺について告発されたことを知って、期待していた執行猶予の可能性が遠のいたことを嘆く内容の手紙や、被告人の弁護人らが中森を悪く言えば言うほど中森自身の公判では有利に働く結果となるものと判断していることを伝える手紙を郵送しているが、これらの手紙の内容は、中森に上記意図があった事実をうかがわせるものといえる。そして、実際にも、同年3月26日に融資詐欺に関して2回目の起訴がなされた後は、被告人の弁護人らの告発を受けて同年10月20日に融資詐欺に関し

て3回目の起訴がなされるまでの間、融資詐欺に関する起訴はなされておらず、また、被告人の弁護人らによる告発を受けて、検察庁内でその対応をめぐり協議中である旨が検察官から中森の弁護人に伝えられた事実があること（第3回公判期日の中森の証人尋問中における関口真美検察官の発言）からも、当初起訴された2件の融資詐欺等の起訴事実以外の融資詐欺については、上記告発がなされるまでは具体的な起訴の予定がなかったものと考えられる。こうした状況は、結果的にみれば、上記告発がなされるまでは、中森にとって当初の期待に沿う有利な展開となっていたといえる。

そして、「中森がO氏に対して被告人に対する現金供与の話を出せば融資詐欺の捜査が止まる旨の話をしている事実」も、上記意図（捜査機関の関心を他の重大な事件に向けることにより融資詐欺に関するそれ以上の捜査の進展を止めたいとの意図）の存在を推測させると判示している。

これまでの刑事裁判での裁判所の判断は、基本的に、検察官が設定した土俵の上で、検察の判断の枠組みの下で行われてきた。それが、99・9%の高い有罪率につながり、無実を訴える被告人にとっては絶望的な状況が続いてきた。この判決は、検察の土俵・枠組みの中での判断ではなく、裁判官自身の、そして、世の中の常識に沿った枠組みに基づいて、公正な判断を示したものだった。

検察が悪質極まりない4億円近くもの融資詐欺を行いながら、僅《わず》か2000万円余しか立件されていなかった「詐欺師」の贈賄供述を信じ、同席者の聴取すら行わないまま現職市長を逮捕して勾留《こうりゅう》請求を行ったこと、何ら新たな証拠もないのに起訴したこと、公判での弁護人の反証で賄賂《わいろ》授受の立証が完全に崩壊しているのに有罪論告を行ったことに対する「当然の結果」としての無罪判決であった。

〝美濃加茂の春〟を踏みにじる検察控訴

しかし無罪判決が、藤井市長と美濃加茂市民にもたらした「春」は束の間だった。

判決の13日後の3月18日午前10時、名古屋地裁から、「美濃加茂市長に対する無罪判決に対して検察官が控訴を行った」という連絡が入った。それによって、藤井市長はそれ以降も「被告人の立場」に立たされる、〝刑事被告人が市長を務める美濃加茂市〟という状況が、さらに長期化することになった。

その数日前、「美濃加茂市長事件に対する無罪判決に対して検察が控訴の方針を固めた」と新聞、テレビ等で報じられたことについて、私は、【「美濃加茂市長無罪判決に検察控訴の方針」は、「妄想」か「狂気」か】というブログ記事を出し、「今回の事件は、中森の贈賄供述以外には証拠らしい証拠は全くなく、贈賄供述にも、捜査機関の関心を他の重大な事件に向けることによって自己の融資詐欺の捜査の進展を止めたいという虚偽の供述の動機があり、供述経過も本人の記憶に基づくものとは思えない不自然なものであり、信用性には重大な疑問がある。無罪判決は極めて当然であり、控訴などしても、無罪判決が覆ることはあり得ないし、全く無意味である」と述べていた。

確かに、現職市長を逮捕・起訴した事件での一審無罪判決は、そのまま確定させれば、検察の組織と幹部が重大な責任を負うことになる。検察の常識からすると不控訴はあり得ない。それでも、名古屋地検・名古屋高検・最高検で、今回の事件の証拠関係を、組織として冷静に客観的に判断すれば、「控訴」という結論が出てくる余地はないと思っていた。

刑事訴訟において、裁判所が公訴事実を認定するには、当該事実につき「合理的な疑いを差し挟む余地のない程度の立証」が求められる。藤井市長の事件では、一審の名古屋地裁で3人の裁判官が、贈賄供述者中森の3日間にわたる証人尋問のほか、多くの証人尋問を行い、被告人質問で、被告人の弁解・主張を聞き、これらの証言・供述を直接、自分の目と耳で確かめた結果、少なくとも2人以上の裁判官（審理の状況からすると、おそらく3人の裁判官全員）が、中森証言は信用できないと判断したからこそ、無罪判決が出されたのである。検察官控訴の結果、証人尋問・被告人質問を見ても聞いてもいない控訴審の担当裁判官3人のうちの多数が裁判記録によって「中森証言は信用できる」との判断を仮に行ったとしても、6人のうち2人以上の裁判官は中森証言について「信用できない」と判断しているのに、果たして、中森証言の信用性について「合理的な疑いを差し挟む余地がない」などと言えるだろうか。

結果的に、その検察官控訴に対する控訴審の名古屋高裁の判断は「逆転有罪」だったが、そのことで検察官の控訴が「暴挙」であったことが変わるものではない。第11章で詳述するように、控訴審判決は、審理の経過・内容、有罪の結論を導いた理由など、あらゆる面で、凡《およ》そ控訴審判決としてはあり得ない「異常な判決」だ。そのような判決が出されたことで、不当極まりない控訴を行った検察が、現時点では批判を受けないですんでいるだけである。検察が控訴を行ったことの不当性は、上告審で「再逆転無罪判決」が出ることで最終的に明らかにされるものと、私は信じている。

無罪判決に対する控訴は許されるのか

そもそも、先進国で、無罪判決に対する検察官控訴を認める国はほとんどない。アメリカでも、無罪判決に対する上訴は認められていない。

日本国憲法は、第39条で「既に無罪とされた行為については、刑事上の責任を問はれない。又、同一の犯罪について、重ねて刑事上の責任を問はれない」と規定している。この規定は、「国家がある犯罪について刑罰権の有無を確かめるために、被告人を一度訴追したならば、もはや同一人を同一事実について再度刑事的に追及することは許されない」という英米法の「二重の危険の原理」を規定したものとする説が有力であり、以前から、「無罪判決に対する検察官控訴は憲法39条に違反する」という主張がなされてきた。

判例は、「一審の手続も控訴審の手続もまた、上告審のそれも同じ事件においては，継続せる一つの危険の各部分たるにすぎない」という理由で、無罪判決に対する検察官上訴を許容してきたが、学説では根強い批判がある。検察官控訴が容認されるとしても、一審判決が法令の解釈適用を誤った場合や、不当に証拠を採用しなかった場合、事実認定に客観的に明白な誤りがある場合などに限定されるべきである。

美濃加茂市長事件の一審判決については、法令の解釈・適用に関する問題など何もない。しかも、「事件との関連性など全くない」として弁護人が強く反対した「金を渡したことを聞いたとする関係者ＡＢ」についても検察官の尋問請求が認められるなど、検察官の請求証拠はすべて採用されており、証拠採用に関する問題も全くない。

　結局のところ、検察にとって承服し難い無罪の結論を出した一審裁判所とは、別の見方・考え方をする裁判体に「有罪無罪の判断のやり直し」をしてもらおうとして控訴を行ったとしか考えられない。そのような控訴は、「二重の危険の原理」の下では絶対に許容されない検察官上訴の典型だった。

第9章　「一審無罪事件の控訴審」で行われたこと

裁判の早期決着を求める美濃加茂市民

刑事裁判では、控訴審は、一審の審理や判決を、事後的に審査して、誤りや問題があればそれを是正する「事後審査審」とされている。特に、２００９年に裁判員制度が導入された後は、市民から選ばれた裁判員が加わる一審の審理を中心にしていくことが一層強く要請されており、第12章でも詳述するように、最高裁判例で、控訴審が一審判決を事実誤認だとして覆すためには、「論理則・経験則違反」が具体的に指摘できなければならないとされている。証拠の請求や取調べも、原則として一審で行うことになっており、やむを得ない事由によって一審で請求することができなかった証拠のみ控訴審で請求することができる（ちなみに民事訴訟では、「続審」とされ、新たな証拠の取調べも制限されない）。

藤井市長の事件では、名古屋地裁での一審で、検察官が請求した証拠はすべて取調べが行われ、審理が尽くされていた。その上で、言い渡された無罪判決に対して、検察官控訴が行われたものの、実際のところ、控訴審で審理すべきことがあるとは思えなかった。

一方で、検察の控訴のために、藤井市長は、引き続き「被告人」の立場に立たされることになった。市政を担う市長が、被告人であることによる市民の不利益は甚大だ。一刻も早く裁判を終わらせてもらいたいというのが市民の願いだった。

そこで、弁護人から名古屋高裁の担当部宛てに、検察官の控訴趣意書の提出期限を早期に設定するよう要請する書面を提出した。一審の検察官の主張・立証の経過や無罪判決の内容等を踏まえて、「本件検察官控訴については、控訴審において新たな立証が行われる余地もなく、検察官が行い得る主張は極めて限られていること、既に、3月の一審無罪判決からは1ヶ月、3月18日の検察官の控訴からも3週間を経過しており、その間、検察官として一審判決の精査及び控訴理由の検討を行う時間も十分にあったことを考慮すれば、本件においては、通知書送達から控訴趣意書の提出までの期間は21日間（刑訴法規則上の最短期間）が相当と思料する」と、早期に控訴趣意書を提出させることを求めた。

しかし、実際に指定された控訴趣意書の提出期限は、通知書送達から約70日後の6月18日だった。

担当裁判長はどういう人物か

その控訴趣意書提出を待つ間、控訴審で審理を担当する裁判長がどのような裁判官なのかについても、可能な限り情報を集めた。裁判長は、木口《きぐち》信之《のぶゆき》判事。昔、東京地裁の裁判長として公安事件で無罪を言い渡したことが一度だけあるが、その無罪判決が高裁で破棄されて有罪となったことに懲りたのか、それ以降は、全体的に「検察寄り」の刑事裁判官の世界でも、特に

「検察に好意的な裁判官」というのが一般的な評価だった。

8月25日に開かれた第1回公判期日、弁護人は、検察官の証拠請求をすべて却下し、結審することを求めたが、木口裁判長は、検察官が請求した警察官1名、検察官1名の証人尋問を採用し、それらを実施する期日として第2回、第3回の公判期日を指定した。

木口裁判長が行った控訴審第1回公判での検察官請求証拠の採用は、検察官の求める立証をそのまま認め、検察官の主張どおりの判決を出そうとしているのではないかと疑わざるを得ないものだった。

しかし、木口裁判長が採用した証人尋問のうち検察官の方は、後述するように、実施する必要性がないことが明白となり、木口裁判長が10月初めに退官して後任となった村山浩昭《むらやまひろあき》裁判長によって、証人尋問決定が取り消された。木口裁判長は、そのように明白に不必要な証人尋問まで採用していたのである。木口裁判長は退官後、霞ケ関《かすみがせき》公証役場の公証人に就任した。大変恵まれた再就職だ。公証人の人事の決定権を握っているのは法務省である。

後任の村山浩昭裁判長は、その木口裁判長とは、かなりタイプの違う裁判官だった。

村山氏は、少年時代、東宝映画に子役として出演していたようだ。ネットで検索すると『団地七つの大罪』という映画のキャストに「小林桂樹《こばやしけいじゅ》」「高島忠夫《たかしまただお》」「八千草薫《やちぐさかおる》」「司葉子《つかさようこ》」などと並んで「村山浩昭」という名前が出てくる。

その後、俳優の道には進まず、法曹の道を選んだようだが、裁判長として社会的注目を浴びた事件がいくつかある。元俳優ということも影響しているのかもしれない。一つは、酒井法子《さかいのりこ》の覚せい剤取締法違反事件での一審判決の際の説示だ。「あなたは長い芸能生活で、ドラマや映画でいろいろ役を演じてきたが、この事件は現実です。事件の重みを今後実感することになります。重みに負けず、薬物を完全に断ち切って、生活することを望みます」と言って、酒井を諭したことが、マスコミでも大きく取り上げられた。

そして、世の中に衝撃を与えたのが、袴田《はかまだ》事件での再審開始決定だった。静岡市で1966年、みそ製造会社の専務一家4人を殺害したとして強盗殺人罪などで死刑が確定した元プロボクサー袴田巖《いわお》死刑囚の第2次再審請求で、村山浩昭裁判長は再審開始と、死刑と拘置の執行停止を命じた。

刑事事件の確定判決に対する再審については、地裁で再審開始決定が出されても、検察が即時抗告し、高裁で覆されるケースは多い。そういう意味では、地裁レベルでの再審開始というのは、刑事司法の世界では「途中経過」でしかない。死刑事件であれば、死刑囚の身柄確保の必要から、地裁で再審開始決定が出ても、即時抗告審で再審開始が確定するまでは、身柄は釈放されないのが通例だった。ところが、村山裁判長は、捜査を担当した警察の「証拠の捏造《ねつぞう》の疑い」まで指摘し、袴田死刑囚の身柄拘束を継続することは「耐え難い不正義」だとして、袴田死刑囚の身柄拘束の執行停止を命じ、袴田氏は釈放された。その結果、死刑囚が48年ぶりに釈放されたことが大きく報じられ、世の中では、袴田事件での冤罪《えんざい》が確定的になったかのように受け止められた。これまで、このような形で、地裁レベルでの再審開始決定で死刑囚が釈放された例はなく、まさに刑事司法の常識を覆した再審開始決定となった。しかし、この再審開始決定に対しては検察官が即時抗告し、東京高裁の判断はまだ出ていない。再審開始決定の根拠とされたDNA鑑定について再鑑定の結果「再現不能」との結論が出たこともあり、高裁の結論は予断を許さない。このように再審の判断が確定していない状態で死刑囚の釈放を命じるという「前代未聞の判断」を行ったのが村山裁判長だった。

そういう意味で、村山裁判長は、木口裁判長のように、「検察寄り」の一般的な刑事裁判官とは傾向を異にする「特異な裁判官」であることは間違いない。しかし、検察関係者の話では、「検察に有利な方向にも不利な方向にも事前の予想とは異なる方向に大きく判断がぶれる裁判長」という見方もあった。「異端の裁判長」である村山裁判長の登場は、一審の無罪判決が覆されることは常識的にあり得ないと考えている弁護人に、一抹の不安を感じさせるものだった。

控訴審での検察官の主張と証拠請求

藤井市長の事件では、唯一の直接証拠である中森の贈賄証言の信用性が否定され、一審で無罪が言い渡された。一審判決は、中森証言の不自然性、不合理性を指摘したことに加えて、「贈賄供述をすることで、捜査機関の関心を他の重大な事件に向けて融資詐欺の捜査を止めることが、自己の量刑上有利に働くとの期待が、意図的な虚偽供述の動機となった可能性」を指摘した。一方、その意図的な虚偽供述の可能性を指摘された中森自身は、贈賄の事実も含め公訴事実を全面的に認めていたので、藤井市長への判決に先立って、融資詐欺と贈賄についての実刑有罪判決が言い渡されて確定していた。

検察官にとって、このような理由で中森証言の信用性を否定した無罪判決に対する最も有効な反論・反証の方法は、控訴審において中森の再度の証人尋問を請求することのはずだ。中森に対しては既に実刑判決が確定し、改めて贈賄証言を維持することによる量刑上のメリットがなくなっている。その中森に控訴審でも「贈賄が真実である」と証言させることができれば、中森証言の信用性を認めさせる有力な根拠となる。

中森としても、自分自身の裁判では贈賄も含む事実で実刑の有罪判決が確定しているのに、藤井市長の事件では中森が意図的な虚偽供述を行った可能性を指摘する無罪判決が言い渡されたことを知れば、到底承服できないと考えるはずだ。自己の証言の偽証の疑いを否定するためにも、検察官に積極的に協力を申し出て、無罪判決に対する控訴を希望するのが当然だ。ところが、検察官は、控訴審で中森の証人尋問請求は行わなかった。

なぜ、中森証人尋問請求という、検察官にとって最も有効な反論・立証を行おうとしなかったのか。第10章で後述するように、一審判決後に検察官が中森と接触した際に、中森が藤井事件の控訴審への協力を拒絶したからだった。そのことが、後日、控訴審で行われた中森の職権(当事者の請求ではなく裁判所の判断で行うこと)による証人尋問で明らかになった。それは、中森の証言の信用性を評価する上で極めて重要な事情だった。

「中森証言を離れて」立証しようとしてきた検察官

中森再尋問の請求という、本来であれば最も有効な立証方法を用いようとしなかった検察官は、控訴趣意書で、①「中森証言を離れて、間接証拠によって認定できる間接事実から現金の授受の存在が推認される」、②「捜査段階において、中森供述がなされ順次その後裏付けがとれるという経過から虚偽供述の可能性が否定される」と主張するなど、「中森証言とは離れた」主張立証を行ってきた。

しかし、そもそも、この事件は、現金の授受に関する証拠は中森の贈賄供述だけ、その信用性がすべてだ。検察官の主張のように「中森証言から離れて、間接事実から事実が推認される」などということは、あり得ない。被告人の藤井市長も、浄水プラントの導入が美濃加茂市民のためになると思って導入を推進してきたことを認めており、その点にはほとんど争いはない。それが現金授受の「間接事実」になるのであれば、一審で検察官がそのように主張していたはずだ。検察官の側は、中森証言の信用性だけの争いになると、信用性を否定する一審判決の判断を覆すのが困難なので、中森供述以外の証拠によって現金授受の間接事実が認められるように見せかけ、控訴審裁判所に「有罪」を印象づけようとしているとしか考えられなかった。

控訴趣意書で、検察官は、一審判決が「本件各現金授受の事実を基礎づける証拠としては、贈賄者である中森の公判供述があるのみである」と判示したのが誤りだとし、中森証言を離れ、証拠によって認められる「中森と被告人との癒着」と「癒着の深まり」に関する客観的な間接事実から現金の授受が推認される、と主張した。一見すると、論理的で説得力があるように見える。しかし、仔細《しさい》に検討すると、実は、書かれていることの多くが、証拠に基づいていない、或《あ》いは、事実を歪曲《わいきょく》するものだった。つまり、事実や証拠を勝手に作り上げる「偽装」がちりばめられているものだった。

その「間接事実」として、中森と藤井氏が知り合い、美濃加茂市への浄水プラントの導入に向けて協力するようになって、実際に、実験プラントとして導入された経緯に関して、いろいろ事実を書き並べていた。浄水プラント導入に向けての藤井氏の動きが、「中森の依頼に応じて」行われたものであったかのように、巧妙な脚色が加えられていたため、その部分の記述を読むと、2人の間で「現金の授受」があったことを推認させる事実のように思える。ところが、「中森証言から離れて認められる間接事実」の根拠とされる「中森証言以外の証拠」が存在しないものや、証拠の中から都合の良い部分だけを取り出して、「客観的事実」であるように装っているものもある。

つまり、検察官が控訴趣意書で「中森証言を離れて現金授受を推認させる間接事実」と言っているのは、ほとんどが、証拠に基づかず、事実を歪曲したもので、まさに「偽装」そのものだったのである。

典型的な例が、藤井氏と中森の癒着関係を示す事実として出てくる「被告人は、飲食代金を中森にまとめて支払ってもらっていた」「面会時の飲食代金を中森がまとめて支払ったり」などの表現だった。藤井市長は、「会食の際の飲食代金は、その都度割り勘で払っていた」と述べており、中森も、割り勘分を現金で受け取っていたことを認めている。

ところが、控訴趣意書では、「中森にまとめて支払ってもらっていた」と書かれている。中森が「一旦《いったん》、クレジットカードで3人分の支払をした」だけに過ぎないのに、「まとめて支払ってもらっていた」などと表現して、あたかも、藤井氏分の飲食代も含めて中森が支払っていたかのように見せかけようとしているのである。

控訴審で新たに請求してきた「証拠」

検察官は、一審では請求していなかった証拠を、控訴審で新たに請求してきた。その問題は控訴趣意書の②の主張に関して、中森の取調べ警察官の証人尋問と、その警察官が中森の取調べの際に作成した「取調べメモ」を請求してきたことだった。検察官は、取調べ警察官に中森の供述経過・記憶喚起の経過と、取調べメモが中森の取調べ時に作成したものであることを証言させ、その証言と取調べメモによって、一審判決が指摘している「中森が、客観的な事実を示されて、それに符合するような供述を行った可能性」を否定しようとした。

しかし、そこには重大な問題があった。

刑事裁判において、取調べの状況や供述経過等が問題になった場合、それらを立証する方法としては、取調べの録音・録画等の客観的な記録によるのが正確で公正なやり方だ。2016年の刑事訴訟法改正でも、一定の範囲の事件について全過程の取調べの録音・録画の義務付けが行われたが、それ以前から、検察内部でも録音・録画の範囲が拡大され、被害者・参考人の供述も、立証の中核となることが見込まれる場合においては録音・録画が必要とされていた。供述の信用性等に関連して取調べの状況や経過が問題となることが予想される事件においては、録音・録画されることが原則で、行われていないとそれ自体で、取調べの状況及び経過に関する検察官の主張に疑念を生ぜしめるというのが刑事実務の趨勢《すうせい》になりつつある。

かつては、警察・検察における供述経過についての録音・録画など客観的な記録はほとんど行われず、多くの事件で取調べメモの開示請求や証拠請求を行ってきたのは弁護人側だった。それに対して、検察は、「取調べメモ」については、「作成者が取調べの際に必要に応じて備忘のために書き留めた個人的な手控えのたぐい」だとして「性質上そもそも開示の対象となる証拠に該当しない」と主張し、開示に対しても、証拠とすることに対しても、一貫して消極的な姿勢を取り続けてきた。最高裁判所の相次ぐ決定によって取調べメモ（備忘録）等が証拠開示の対象となる旨の判断が示されたことから、弁護人側からの開示請求に応じる姿勢に転換せざるを得なくなったが、そのような状況においても、検察官は、取調べメモの証拠価値を積極的に認めてきたわけではなく、少なくとも、検察官自らが取調べメモを証拠請求することはほとんど皆無だった。

ところが、藤井市長の事件では、検察官は、一審で贈賄供述者の供述の変遷の不合理性等が指摘されて無罪判決が出されたのに対して、控訴した上、贈賄供述者中森の供述経過に関して、警察での取調べメモの証拠請求と取調べ警察官の証人尋問請求を行ってきた。それは、従来、取調べメモの開示及び証拠化に対して否定的だった検察の姿勢とは真逆のものだった。

検察官は、中森が一審で先行して証言した供述経過を裏付ける記載が取調べメモ中に存在することから、取調べ担当警察官の証言と「相俟《あいま》って」証拠価値があると述べているが、その「取調べメモ」は、外形上、記載した日時すら明らかではない単なる「紙切れ」であり、仮に、取調べ中に記載されたものであっても、他の日時に記載されたものである可能性も否定できない。そもそも、同メモの記載が先行している証言を「裏付けるもの」であるか否かも不明だ。だからこそ、従来、検察は、「取調べメモは、断片的で、供述内容が正確に記載されているとは限らず、取調べの状況が体系的に整理されて記録されているものではない」として、取調べメモの開示や証拠化に反対してきたのである。

しかも、記載の日時等について証言させようとしている警察官は、本件収賄事件の捜査に終始中心的に関わってきた当事者そのものであり、客観的な立場で証言することは到底期待できない。検察が、「取調べメモ」を検察官立証に用いようとしていることは「苦しまぎれ」としか言いようのないものだった。

融資詐欺告発事件の担当検察官の証人尋問

検察官は、中森の融資詐欺の捜査・処理の経過及び処分理由等を証言させ、検察官が、中森の融資詐欺の捜査処理に関して有利な取扱いを行ったことがなく、一審判決が判示した「虚偽供述の動機の存在の可能性」を否定するための証人として苅谷検事の証人尋問も請求していた。

しかし、苅谷検事は、２０１４年9月4日に、名古屋地検が、弁護人による告発を受理した後に、中森の融資詐欺の告発事件の捜査・処理を担当した検察官で、それ以前の中森の融資詐欺の事件の捜査・処分には全く関わっていなかった。

一審判決は、「告発がなされるまでは、中森にとって（中森の融資詐欺の捜査が）当初の期待に沿う有利な展開になっていたといえる」と指摘しているのであり、そこでの「有利な展開」というのは、弁護人の告発が行われる前のことだ。

「虚偽供述の動機が存在した可能性」に関する最大の問題は、２０１４年2月から3月にかけて中森が起訴された2件の融資詐欺以外に中森が総額3億６４００万円に及ぶ詐欺について自白していたのに、それらの事案について、弁護人による告発が行われるまで、捜査も起訴も全く行われなかったことだった。苅谷検事はこの点についての捜査・処分には全く関与しておらず、証言できる立場になかった。

弁護人が、苅谷検事は、「虚偽供述の動機が存在した可能性」とは無関係だと指摘したところ、村山裁判長は、２０１６年5月23日の第3回公判に予定されていた苅谷検事の証人尋問の決定を取り消した。

惨憺《さんたん》たる結果に終わった取調べ警察官の証人尋問

検察官が開示した中村《なかむら》警察官が作成した取調べメモには「手書きメモ」と「ワープロ打ちメモ」の2種類があった。細かく見ていくと両者に重大な食い違いがあることがわかった。

11月26日に行われた証人尋問で中村警察官は、取調べメモの内容の食い違いについて、「ワープロ打ちメモの方は、上司への報告のために、実際の供述とは違うことを書いた」と証言した。そして、(「手書きメモ」に書いているように) 中森が第1授受のガスト美濃加茂店にT氏が同席していたかどうか「記憶がはっきりしない」と述べていたのに、最初に作成した中森の警察官調書ではT氏が「いなかった」ことになっている理由を尋ねられ、「若いころから、先輩には、『調書というのは基本的には断定で取るもんだよ』という話を聞いて実践してきたことから、T氏がいなかったと断定して調書を作成した」というような不合理な証言をした。まともな捜査官であれば、あいまいな供述を断定的に表現するなどという調書の取り方をすることは凡《およ》そありえなかった。

さらに決定的だったのは、中森が、取調べの中でガスト美濃加茂店にT氏が同席していたことを思い出した経緯に関しての証言だった。

一審で中森は、ジャーナル（利用人数が3人だったことを示す店の資料）を見せられる前に、T氏が同席していたことを「自分で思い出した」と証言していたが、中村警察官は、「ジャーナルから3人で利用していることが判明し、その回答結果を中森に見せたところ、中森は、特に驚いた様子もなく『ああ、Tさんいたんですね』と言った」と証言したのである。検察官は、中村警察官が、一審での中森証言と明らかに食い違った証言をしたことに気付き、弁護人の反対尋問が終わった後の再主尋問で、「あなたが記憶違いをしているということは考えられませんか」と質問し、これに対して、中村警察官は、「全部覚えているわけではありませんので、まあ、もしかしたらということは確かにあるかもしれません」などと証言した。警察官が、証言の最後になって、記憶の曖昧《あいまい》さを自ら認める結果になったのである。

異例の最重要証人の控訴審での職権尋問

こうして、検察官の請求証拠に関する事実審理が概《おおむ》ね終了した段階で、裁判所・検察官・弁護人の「三者打合せ」が開かれた。証人2人以外に検察官が請求していた証拠の取扱い等が検討され、裁判所から、大部分は採用しない方針が示され、打合せが終わろうとしていたとき、村山裁判長が、検察官にも、弁護人にも予想外の発言を行った。

「職権で中森の証人尋問を実施することを検討している」というのである。

その時の検察官側の反応は異様だった。起訴検事で、公判前整理手続、一審公判すべてで主任検察官として公判対応を行い、控訴審でもすべての公判・打合せに出席していた（野球で言えば、本件捜査・公判に全イニングフル出場していた）関口検事は、裁判長から証人尋問の実施を検討しているとの発言があった瞬間、見る見る顔が真っ赤になっていった（次章で述べるが、関口検事の顔色が変わった理由は、藤井事件の一審無罪判決後、中森と接触し控訴審での協力を要請したものの、断られていたからだと推測できる）。打合せに出席していた名古屋高検刑事部長は、すぐさま、「時間もかなり経過し、記憶の減退等もある」として反対する姿勢を見せた。

藤井市長に対する一審判決が、中森の証言の信用性を否定して無罪を言い渡したことは、中森が一審証人尋問で記憶通りに真実を証言したのであれば、中森にとって受け入れ難いものだったはずだ。それによって、中森自身が偽証の疑いをかけられる可能性もあり、服役中も、藤井氏の事件のことは頭から離れることはないのが当然だ。

中森の記憶が、証言が困難なほどに減退しているのだとすれば、一審での証言が「作り話」であったとしか考えられない。

ところが、検察官は、打合せの場では、「時間もかなり経過し、記憶の減退等もある」などの理由で再尋問に反対した。そして、その後の書面では、「もし、裁判所が再尋問の必要があると判断する場合には検察官からも証人尋問請求する」との意向を示してきた。

検察官は、中森の証人尋問には反対だが、もし、裁判所が尋問を行うということであれば、事前に、中森と「証人テスト（打合せ）」ができるように、「検察官からも尋問を請求する」と言い出したのだろう。

検察官が中森の「証人テスト」を行えば、一審と同じように、中森の供述を検察官に有利な方向にガチガチに固めようとしてくることは明らかで、「中森の生の話を直接聞いてみたい」という控訴審裁判所の公正な証人尋問ができなくなる。弁護人からは、検察官の証人尋問請求にも、「証人テスト」にも、強く反対した。

このような検察官の姿勢に対して、村山裁判長は、「検察官の証人尋問請求については、裁判所の意図に反しているので、もし、請求しても却下する」と明言し、「検察官は証人テストを控えてもらいたい。もし、証人テストを行った場合には、中森の証言の信用性の評価に影響する」と検察官に釘《くぎ》を刺した。

証人テストなしに、いきなり中森が控訴審での証人として出てきた場合、どのような証言を行うのか全く予想がつかない。一審と同様に、中森証言を「証人テスト」で固めようとする検察官の企《たくら》みは、村山裁判長の姿勢によって阻まれた。

村山裁判長は「裁判所が直接尋問するというのは、それ自体リスクはあるが、質問の仕方を工夫して、法廷で必要に応じて資料を示して記憶を喚起しながら質問を行いたい」と述べていた。検察官が強く求めていた証人テスト、記憶喚起のための事前の資料送付を、裁判所は行わせなかった。中森に「生の記憶」に基づいて証言させ、真相を解明することに意欲を示しているように思えた。この時点では、村山裁判長は、検察にとって厳しい「異端の裁判官」そのものだった。検察官は確実に追い込まれていた。

しかし、その後、中森の証人尋問の前に、中森自身の裁判で弁護人を務めた弁護士が、中森に、藤井市長の裁判での証言に関する資料を送付したことが明らかになって以降、村山裁判長の姿勢は徐々に「検察寄り」に変化していった。

第10章　控訴審の迷走

中森の証人尋問の約1ヶ月前、証人尋問が行われる目的自体を根本から損ないかねない重大な事実が明らかになった。

4月22日、右陪席の大村泰平《おおむらやすひら》判事が、「中森の弁護人であったN弁護士から裁判所に『今年2、3月頃、中森の家族から中森が証人尋問のことを不安に思っているとの連絡を受け、判決書と中森の公判での乙号証を受刑中の中森に送付した。来週月曜日に、家族とともに刑務所で面会する予定』との連絡があった」と伝えてきた。控訴審の主任検察官の梅田健史《うめだけんじ》検事に電話で経緯を尋ねたところ、「N弁護士が関口検事に藤井美濃加茂市長の控訴審の公判の状況について尋ねてきたので、『こちらからは答えられない。裁判所に聞いてほしい』と連絡した」とのことであった。N弁護士は、中森の証人尋問を決定した裁判所に事前に了解を得ることなく、証人の中森に、関連する供述調書や判決書を送付したというのである。

控訴審裁判所が、敢《あ》えて異例の職権証人尋問を行おうとした目的は、証人の中森に、検察官との「打合せ」を行わせることなく、事前に資料を見せることもなく、「法廷で必要に応じて資料を示して記憶を喚起しながら質問する」という方法で尋問することだった。ところが、弁護士の行動によって、中森に重要な資料が事前に示され、目的が阻害されることになった可能性がある。

予定どおり中森の証人尋問を行うのであれば、中森にいかなる資料が差入れられたのかを確認する必要がある。私は、裁判所に、検察官の協力を求めた上、早急に受刑中の刑務所に中森の所持品についての照会を行い、現在、中森が本件被告事件に関する資料としてどのようなものを所持しているのかを確認することを要請した。

ところが、控訴審裁判所の対応は、意外なほど消極的なものだった。証人尋問の目的そのものを阻害する露骨な証人尋問妨害行為が行われた疑いがあるにもかかわらず、主任弁護人の私からの要請には応じず、なぜ、そのような証人尋問妨害行為が行われたのかについて、事実を明らかにしようとする姿勢は全く見えなかった。

その後、中森証言により、中森がN弁護士から入手した「判決書」は、中森自身の事件のものではなく、藤井市長の一審判決だったことが明らかになった。その判決書には、一審での中森の証言内容が詳細に記載されていた。それを入手できたことで、中森は、藤井市長の一審で自らが証言した内容を含め、尋問事項に関する重要な情報をすべて頭に入れた上で証言することが可能だったのだ。

そもそも、藤井市長事件の一審判決書は、本来、中森の一審弁護人にとって入手すること自体が困難なもののはずだ。それを、なぜN弁護士が入手できたのかについても重大な疑問がある。

この点について、検察官は、弁論で、「検察官は、当審中森証言後、中森の元弁護人から、中森に差入れた被告人の判決書とはマスコミから入手した判決要旨であることを確認するとともに、マスコミ用の判決要旨が、判決書と同様100頁近いものであることを確認した」などと述べた。しかし、裁判所が判決要旨をマスコミに配布しているのは、被告事件の正確な報道のための特別の便宜供与であり、それ以外の目的に流用することは固く禁じられている。それが、マスコミから尋問予定の証人の弁護士に提供され、事前に送付されて証人尋問に重大な影響を生じたとすれば、裁判所とマスコミとの関係にも関わる看過し難い重大な問題になる。そもそも「弁護士がマスコミから入手した」と述べているが果たして事実であるのかも疑問だ。

N弁護士と関口検事の関係に関する疑問

結局、判決書（判決要旨）の差入れによって、控訴審裁判所が中森の証人尋問を敢えて職権で行い、中森の「生の記憶」を確認しようとしたことの意味はほとんどなくなってしまった。まさに、証人尋問の妨害そのものと言える行為が行われたのであり、しかも、その判決書の入手経緯にも少なからず、疑問がある。

さらに、そのN弁護士と、藤井市長の事件の起訴検察官で、一審、控訴審のすべての公判に立ち会っていた関口検事との関係について、第7章でも述べたようにO氏に送付された中森の自筆の手紙には「ご存じの通り、私の弁護士と検事は知り合いです。いろいろと交渉してくれてる様です」と記載されている。

それに加え一審判決でも、「中森の虚偽供述の動機の存在の可能性」に関して、「被告人の弁護人らによる告発を受けて、検察庁内でその対応をめぐり協議中である旨が検察官から中森の弁護人に伝えられた事実があること（第3回公判期日の中森の証人尋問中における関口真美検察官の発言）」と指摘しているが、検察庁での告発事件の取扱いは、告発状が所定の要件を備えていれば受理し、所要の捜査を行った上処分を決定する、ということに尽きる。「検察庁内で対応をめぐり協議中」であること自体が異例な取扱いである。しかも、そのような検察庁内部の情報が、告発事件の担当検事ではない関口検事（告発事件は、苅谷検察官の担当だった）から中森の弁護人のN弁護士に伝えられることも、通常あり得ないことである。

中森の証人尋問を実施するのは名古屋高裁であり、通常であれば、その尋問に関しては名古屋高検の担当検事宛てに連絡するはずなのに、高検の担当検察官に確認したところでは、N弁護士が、中森から資料を送るよう頼まれて資料を送付したことを最初に連絡した検察官は関口検事とのことであった。関口検事は、2016年4月1日付けで、名古屋地検から東京地検に異動となり、最高検検事事務取扱として日頃は東京に勤務しているが、異動後も本件控訴審の担当を続け、公判にも立ち会っている。しかし、そのことは、本件控訴審関係者と検察庁内の限られた人間しか知らなかったはずである。N弁護士は、なぜ、藤井市長事件の証人尋問のことを最初に関口検事に連絡したのか。

後述するように、藤井市長に対する一審判決後、関口検事が、2、3回、受刑中の中森と面会し、控訴審での証人尋問に協力するよう説得したが、中森は応じなかった。検察官は、本来であれば、中森の再度の証人尋問を請求するはずであるのに、控訴趣意書では「中森証言と離れた間接事実」による現金授受の立証を行おうとした。つまり、できるだけ中森証言を控訴審の審理の対象から遠ざけようとしていた。

検察官立証が終わった後に、突然、村山裁判長が職権での証人尋問を検討しているということを言い出したのに対して、検察官は、血相を変えて「記憶が減退している」と言って証人尋問に反対した。そして、尋問が実施される場合には、証人テストを実施したいと強く求めた。しかし、村山裁判長は、それを認めず、「控えてほしい」と言い渡した。

検察官の証人テストもN弁護士による資料送付も行われず、職権証人尋問が実施され、中森の「生の記憶」が確認されたら、もともと藤井市長への贈賄の「作り話」を考えただけだった中森は、何も答えることができず、或《ある》いは、一審とは異なる支離滅裂の証言をすることになり、一審での中森の証言が意図的な虚偽供述であり、検察官の証人テストで作り上げられたものであったことが露見していた可能性がある（弁護人サイドでは、村山裁判長が、そのような結末を視野に入れているのではないかと考えていた）。

そのような経過で、まさに検察官が追い詰められていたときに、N弁護士は、本来は入手困難なはずの藤井市長の一審判決の判決書を、なぜか入手し、裁判所の了解を得ることもなく、中森に差入れた。それによって検察は救われた結果になった。しかも、中森自身がN弁護士と関口検事とは個人的に親しいことは既に述べたように、ほぼ間違いないことのように思える。

これらの事実は、すべて一つの線でつながっているように見える。何らかの形で、関口検事から、N弁護士に協力要請があり、その結果、判決書差入れという証人尋問の目的を阻害する行為が行われたのではないか。そう疑われても致し方ないであろう。

控訴審証人尋問で一層明白になった中森の偽証

5月23日の第3回公判期日で、中森の証人尋問が行われ、中森は、一審とほぼ同様の証言を行った。一審での証言内容が詳細に記載された藤井市長事件の判決書が証人尋問の1ヶ月以上も前に差入れられていたのであるから、一審と同様の証言をするのは当然のことなのであるが、中森は、「判決書が届いた段階で1回ちらっと見ただけ」「(証人尋問の)召喚状が来た後は、弁護士の先生が面会に来て、今のままの状態で尋問に立ってほしいと言われたので、一旦《いったん》目を通したが、じっくり読んだわけではない」と証言して、判決書送付が証言に影響を与えたことを否定した。

一審判決書の送付が、中森証言にどのような影響を与えたのか、中森が判決書をどの程度に読んできたのかは、中森証言の信用性に関して極めて重要な事実である。もし、中森が証言するとおり、「じっくり読んではいない」というのであれば、控訴審での証人尋問の目的はほとんど阻害されなかったことになる。

そもそも、中森は、なぜ、証人尋問の前に資料を入手しようとしたのか。

この点について中森は、「覚えてないことは覚えてないと答えようと思ったので、不安はあまり感じていなかった」と述べる一方で、「全く何もかも覚えてないでは困るなというふうに私の中で思った」と証言した。何の打合せもなく、資料を読むこともなく証人尋問に臨めば、「何も覚えていない」ということになりかねないと思って、弁護士に資料送付を依頼したというのだ。それなのに、実際には、すべての尋問項目について一審判決とほぼ同じ内容の証言を行っている。「全く何もかも覚えていないのでは困る」と思っていた人間が、なぜ、そのような証言ができたのか。判決書をじっくり読んで証人尋問に臨んだとしか考えられない。

そして、尋問項目ごとに、中森証言と送付された判決書の内容を比較して検討すると、中森が、予《あらかじ》め裁判所から送付された尋問事項書に対応し、判決書を熟読して準備していたことが一層明白となる。

第一に、中森証言に含まれる情報は、ほとんどが判決書に記載されている内容であり、判決書に記載されていない事項を聞かれた場合は、一審では証言していても、「記憶がない」などと言って証言を回避している。

一審で、中森は、藤井市長との関係や、浄水プラントの美濃加茂市への売り込みの経緯、現金授受の状況等について具体的かつ詳細に証言しているのであり、その証言後約1年半が経過していると言っても、自らの記憶に基づいて証言したのだとすれば、その記憶が全くなくなってしまうことは考えられない。

少なくとも、裁判所の尋問事項は中森に送付されていたのであり、その事項について「自らの経験に基づく記憶」を喚起していたのだとすれば、中森は、まず、一審での証言内容を思い出すはずであり、一審で証言した内容については、判決書に含まれていなくても、ある程度は思い出して証言できたはずである。

しかし、実際には、中森の証言内容には、判決書に含まれない内容はほとんどなく、判決書に含まれていない事項を質問されると、一審で証言していても全く証言できなかった。

第二に、尋問項目に関して判決書中に記載がある場合、中森証言は、ほとんどの場合、判決書とほぼ同じ内容になっており、文言まで酷似しているものもある。

中森が、一審証人尋問でも、控訴審の証人尋問でも、真実を証言しているのであれば、一審の判決書で引用されている中森証言と、控訴審での証言「内容」が一致することになるというのはあり得る。しかし、中森証言の「文言」が、判決書の文言と酷似しているというのは、明らかに不自然だ。それは、中森が判決書を熟読し、その文言が強く記憶に残っていたからだとしか考えられない。

第三に、尋問項目に関する事項が、判決書に記載されているが、そこに記載された中森供述について、一審が具体的に理由を示して「信用できない」としている点、すなわち、「ガストにT氏が同席したことを思い出したきっかけ」と「初めて会ったのが嘉鮮であると思いこんでいた理由」については、一審と同じ供述は行わず、供述内容を変更したり、「記憶がない」として証言を回避したりしている。

中森は、全体として、判決書に書かれている一審証言とほとんど同様の証言を行う一方で、判決書で信用性を否定された2点についてだけは、一審での証言内容を変更したり、「記憶がない」と言ったりして、一審と同様の証言を行わなかった。判決書をほとんど読んでおらず、その内容を認識しないで証言したという中森の証言どおりであれば、経験則上あり得ないことだ。

このような中森証言と一審判決書の内容との比較分析から、中森が差入れられた判決書を熟読し、十分に頭に入れて証人尋問に臨んだことは明白となった。中森が、「じっくり読んだわけではない」と言って判決書送付が証言に影響を与えたことを否定したことは虚偽証言だったのである。

なぜ検察官は控訴審で中森再尋問を請求しなかったのか

検察官にとって、一審無罪判決に対する最も有効な反論・反証の方法が中森の再尋問の請求なのに、検察官が、なぜそれを請求しなかったのか。その点は、控訴審の検察官立証に関する重大な疑問点だった。中森証言によって、その理由が、関口検事の説得にもかかわらず、中森から控訴審での証人尋問への協力を拒絶されたからだということが明らかになった。中森は、藤井市長事件の一審判決後に、関口検事と2、3回面談したこと、その際、控訴してほしくないと希望したことを証言した。その理由について、

「前回の尋問の前にはずっと打合せと称して検事と時間を共にしていましたので、もうそういうこともしてほしくないと。そういう時間の取られ方をすると受刑生活に響くんじゃないかという私の気持ちがありましたので、もう控訴はしてほしくないというふうに私は申し上げました」などと証言した。そして、その「打合せ」について質問されると、「1ヶ月くらい」「毎日朝昼晩とやっていた」と証言した。

一審無罪判決直後に関口検事が中森と接触した時、中森は、実刑判決が確定して拘置所に在監中であり、刑務所での懲役4年の実刑の執行を待つ身だった。懲役刑というのは、刑務作業を強制されるという面で、禁錮《きんこ》刑より重い刑罰とされる。当然、受刑者にとって刑務作業は負担である。できるだけその負担から逃れたいと思うのが通常であり、月に1回程度しか許され

ない家族等との面会以外に、外部者との面談で時間が過ごせるのであれば、受刑者にとっては有難い話だ。ところが、中森は、検察官との長時間の「打合せ」を行うことになれば「受刑生活に響く」ことを理由に、控訴してほしくないと希望したというのである。受刑を控えた人間の考えることとは思えない。

関口検事から、藤井事件の一審判決の内容を聞かされた中森は、その判決で、中森証言の信用性が否定され「虚偽供述の動機の存在の可能性」まで指摘されたことを知ったはずだ。もし、中森が真実を証言したのだとすれば、まさに「偽証の濡《ぬ》れ衣《ぎぬ》」を着せられていることになる。その無罪判決で、「虚偽供述の動機」として疑われたのは、贈賄供述をすることで、自分の刑事処分を有利にしようとしたことだった。藤井事件の一審判決後、関口検事から協力を求められた時点での中森は、既に4年の実刑が確定しており、藤井事件の控訴審の裁判で検察官に協力しようがしまいが、自分の処分や刑期が変わるものではない。そういう立場で、「藤井氏に現金を渡したことは間違いない」と自ら進んで証言すれば、偽証の疑いを晴らすことにつながるはずだ。ところが、中森は、関口検事が何回説得しても、「控訴してほしくない」「もう裁判で証言したくない」という態度を変えなかった。

その本当の理由は、中森が一審で証言した「藤井に現金を渡した」という話が「作り話」で、偽証だからだ。一審の時のように、長期間にわたって朝から晩まで「打合せ」をして、証言する内容を頭に叩《たた》き込まなければ、同じ証言ができない。藤井市長の控訴審で、検察官に再度証人尋問に引っ張り出されてまた偽証したくなかったので、「控訴してほしくない」と言って協力を拒んだのであろう。

中森が控訴審でも一審と同様の証言を行ったことは、表面的には検察官に有利な結果だった。しかし、証人尋問に至る経緯、事前に中森が資料を入手していた事実を踏まえて証言内容を分析・検討すると、逆に、その証人尋問によって、「意図的な虚偽証言」だったことが一層明白になったと言えるのである。

中森の裁判所の職権による証人尋問は、「判決書の差入れ」という想定外の事態によって、当初の村山裁判長の意図とは全く異なったものになった。しかし結果的には中森の意図的な虚偽供述が図らずも露呈し、本件の真相を明らかにする上で大きな意味を持つものになったのである。

最終弁論での弁護人と検察官の論証

中森の証人尋問で、控訴審の証拠調べは終了し、7月27日に最終弁論期日が指定されたが、それに先立って7月13日までに、検察官、弁護人双方から最終弁論の書面を提出することになった。

弁護人の最終弁論では、まず、控訴審での中森証言を、尋問項目ごとに、差入れされた判決書の内容と詳細に比較・検討し、中森が、予め裁判所から送付された尋問事項書に対応し、判決書を熟読して準備していたことが客観的に裏付けられており、「入手直後に、一読しただけで、その後、面会に訪れたN弁護士から送付した資料はあまり見ないでほしいと言われた後はほとんど読んでいない」との中森証言が虚偽であることの論証を、徹底して行った。

その上で、検察官の控訴趣意書での主張について、「中森証言の信用性を判断するまでもなく、それ以外の証拠・間接事実から、本件各現金授受が合理的な疑いを容《い》れない程度に証明できるとの主張」が、多くの「ごまかし」「すり替え」を行うなど、根拠となる証拠及び事実評価において不当なものであることを改めて指摘した。そして、各現金授受に関して、「中森供述と裏付けとの時間的関係から、経験則上、虚偽供述の可能性が否定されるという主張につい ても、控訴審の証拠調べの結果からは、むしろ、虚偽供述の経過として「現実的な可能性」が想定できることを指摘した。

これに対して、検察官の最終弁論は、控訴審での中森証言については、差入れられた判決書を「入手直後に、一読しただけで、それ以降はほとんど読んでいない」との中森証言を鵜呑《うの》みにして、「控訴審でも中森が一審と同様に現金授受を証言したことによって、中森証言の信用性が高いことが明らかになった」などという主張をしたほかは、控訴趣意書での主張に、控訴審での中村警察官の証言や取調べメモの記載等の根拠を付け加えただけのものだった。

弁護人が最終弁論で、控訴審での中森証言と差入れされた判決書の内容との比較・検討によって「判決書はほとんど読んでいない」との中森証言が虚偽であることを論証したことは、検察官側は全く想定外だったようで、その後、急遽《きゆうきよ》、反論の補充書面を出してきた。弁護人からただちに再反論書面を提出したところ、検察官は最終弁論期日直前に、いくつかの証拠請求を行ったりしてきたが、凡《およ》そ採用される余地のないものばかりだった。検察官、弁護人の最終弁論をめぐるやり取りは、弁護人の最終弁論の内容に動揺・狼狽《ろうばい》する検察官の姿を裁判所に印象づけるものだった。

弁論期日では、両者の最終弁論の要旨を口頭で述べる時間が与えられたが、私は最終弁論の末尾を、こう締めくくった。

　弁護人は、本件収賄等の事実がすべて虚構であり、原審から一貫して潔白を訴え続けてきた被告人が無実であることは、もはや疑いの余地が全くないものとなったと確信するものである。検察官の本件控訴が速やかに棄却されることで、無実の罪で市長の職を奪われようとした被告人の名誉、そして、美濃加茂市の名誉が、一日も早く回復されることを切に希望するものである。

第11章　驚愕《きょうがく》の「逆転有罪判決」

原判決を破棄する

そして、11月28日の控訴審判決言渡し期日を迎えた。

一審判決の際は、無罪判決を確信してはいたが、その〝当然の無罪判決〟が、本当に言い渡されるのか、判決を聞くまでは心が揺れ動いた。しかし、控訴審判決については、事前にあらゆる可能性を考えてみても、一審無罪判決を覆す「有罪判決」が言い渡されることは全く想定できなかった。審理の経過、証拠調べの結果もさることながら、有罪を言い渡すのであれば、最低限、被告人質問ぐらいは行うのが当然だが、藤井市長はすべての公判に出頭しているのに、被告人質問はおろか発言する機会は何一つ与えられていなかった。万が一、中森供述の信用性を認めた一審判決が見直されるとしても「差戻し」で、一審での審理をやり直すことが命じられるだけだろう。有罪判決が出されることは、常識的にあり得ないと考えていた。

もう一つ、有罪判決は絶対にありえないと確信していた理由は、弁護人からのY氏の証人尋問請求を控訴審裁判所が却下したことだった。第7章の最後でも述べたように、Y氏が供述する中森の言動は「意図的な虚偽供述」の可能性を判断するうえで極めて重要な証拠だった。そのY氏の証人尋問請求に対して裁判所は判断を留保していたが、中森の証人尋問終了後に請求を却下して証拠調べを終了した。弁護側としては、裁判所は中森の証言が虚偽だということについては十分に心証をとったので、Y氏の証人尋問は不要と判断したものと考えていた。もし中森証言が信用できると判断するのであれば、その点についての重要な証拠であるY氏の証人尋問請求を却下することはありえない。

無罪判決に対する検察官控訴では常に強気の態度をとる検察幹部も、マスコミの情報によると、「いずれの結果でも対応できるよう準備している」などと弱気なことを言っているようだった。

通常は、検察側に有利な判決結果を予想するマスコミも、ほとんどが、検察官控訴の棄却を予想しているようで、主任弁護人の私への事前取材でも、控訴棄却の場合の検察官の上告の可能性などを聞いてくる記者が大部分だった。

ところが、その中で一人だけ、産経新聞の東京の記者だけが、「最高検幹部は有罪間違いなしだと言っていますよ」ということを言ってきた。産経新聞は、名古屋には取材拠点がなく、美濃加茂市長事件の内容も公判経過も全く把握していなかった。私は、「何をバカなことを言っているんだ。名古屋の現場のことが全くわかっていない幹部が『願望』を言っているだけだろう」と問題にしなかった。

判決当日、裁判所に隣接する愛知県弁護士会館で顔を合わせた際、藤井市長には、「村山裁判長が発狂しない限り、有罪というのはあり得ない」と言っておいた。

それから、数分後のことだった。

村山裁判長を始め、法服をまとった3人の裁判官が入廷し、判決言渡しが始まった。藤井市長に対して言い渡した主文は、

原判決を破棄する。被告人を懲役1年6月に処する。判決言渡しから3年間、刑の執行を猶予する。

というものだった。

村山裁判長が、主文を言い渡すのを聞いて、私には、一体何が起きているのか、全くわからなかった。刑事裁判の場では起きるはずがないことが目の前で起き、現実に、〝控訴審逆転有罪判決〟が言い渡されていた。

袴田事件の再審開始決定では、死刑囚をいきなり執行停止で釈放する、刑事司法の常識を超えた〝サプライズ〟を演じた村山浩昭裁判長について、「どちらの方向にも、大きくぶれやすい裁判官」という評判は聞いていた。しかし、それにしても、この事件での、いきなり有罪判決というのは、全く想定できないことだった。しかし、日本の刑事裁判では、三審制がとられているとは言え、上告理由は限られており、上告審の門戸は狭い。控訴審で有罪判決が言い渡されたことは極めて重い。

「原判決を破棄」という予想外の言葉を聞いて、何人もの記者が、あわてて法廷から駆け出して行った。「無罪」を予想しておらず、主文を聞いて、慌てふためいた一審とは反対だった。

「控訴審有罪判決」の現実の重み

「有罪はあり得ない」と私から聞かされていた藤井市長が、私の目の前で判決言渡しを聞いていた。顔色が土気色に変わっているように見えた。

判決言渡しは2時間半に及んだ。読み上げられている判決理由も、凡《およ》そ理解も納得もできるような内容ではない。村山裁判長が早口で読み上げる判決の内容は、全くデタラメだった。「この人は、1年以上もこの裁判をやっていたのに、実は事件の中身を何もわかっていなかったのか」と思った。

しかし、「控訴審での有罪判決」は現実だった。判決言渡しが終わったら、その現実に対応しなければならない。当然上告することになるだろうが、上告理由は、原則として憲法違反、判例違反に限定されている。事実認定の誤り、中森の信用性の評価の誤りだけでは適法な上告理由にならない。通常は事実審理の最終判断になる控訴審での「有罪判決」の意味は非常に大きい。上告しても、藤井市長が市長職にとどまることはできないというのが、常識的な見方だろう。

初めての接見で藤井市長と会った時のことが頭に浮かんだ。私は潔白を確信し、捜査段階、一審公判、控訴審公判での弁護活動を続けてきた。それが、控訴審の有罪判決で市長失職という結末で終わってしまうのであれば、逮捕から2年半、市長の政治生命を維持するために行ってきた弁護活動も、「長期間にわたって市政を混乱させた」という批判だけで終わってしまうのではないか。主任弁護人として、私は、美濃加茂市民にどう謝ったら良いのか。

頭の中で考えが整理できないまま、判決言渡しが終わった。

判決に立ち会っていた弁護人6人の間で交わしたのは、「とんでもない判決」という言葉だけだった。藤井市長にも同じ言葉をかけた。彼は無言だった。まだ、事態が十分に理解できていないようだった。

それでも美濃加茂市民は藤井市長を信じている

法廷から出たところで、藤井市長の親友で、支援活動の中心人物でもあった渡辺健太氏が駆け寄ってきた。

「郷原先生、この後、美濃加茂に来てもらえますか。祝賀会を用意していましたが、急遽《きゅうきょ》、不当判決の市民への説明会に切り替えます」

私がうなずくと、渡辺氏は、藤井市長の方を向いて言った。

「大丈夫だ。出直し選に打ってでよう。選挙事務所もすぐに探す」

渡辺氏の言葉には、「控訴審で有罪判決が出ようが、美濃加茂市民の藤井市長への支持は変わるものではない。みんな市長を信じている」という確信が込められていた。

藤井市長も、大きくうなずいた。

私にも、自分がやるべきことが理解できた。

逆転有罪判決にひるむことなく、判決の不当性を訴え、上告審での再逆転をめざすこと、そして、それまで通り藤井市長の潔白を世の中に訴え続けることだった。それによって、藤井市長が、引き続き市民の支持を得て、市長職が続けられるようにすることだった。

裁判所近くで、判決を受けての記者会見が予定されていた。そこに向かう途中も、記者達が、カメラを構えて藤井市長にコメントを求めてくることは避けられない。それに対してどう答えるのか、何を言うのか。その後の記者会見では、全く想定していなかった逆転有罪判決について、藤井市長も、主任弁護人も、コメントしなければならない。

私と藤井市長は、裁判所の正面玄関から出る前に、記者会見での対応について立ち話をした。「控訴審判決には驚いており、現金を授受した事実はないので、絶対に納得できない」「不当な控訴審判決と闘いながら、市長職は続けていきたいが、市民の意見を聞いて決めたい」という点を明確に述べることを確認した。

記者会見までの僅《わず》かな時間に、弁護人側で、判決言渡しの際にとっていたメモを照らし合わせ、判決理由を大まかに確認した。一審判決の際は、判決言渡し後、判決書とほとんど同じ内容の「判決要旨」が弁護人にもマスコミにも配布されたので、判決後の記者会見も、それを読みながら対応できた。しかし、その日の控訴審判決では、判決前に、弁護人から書記官に、言渡し後に判決要旨が配布されるのか聞いたところ、「本日渡せるものはない」との答えだった。そのため、弁護団は、村山裁判長が2時間半、相当な早口で原稿を読み続けて言い渡した判決を走り書きでメモし、それを突き合わせて、控訴審判決の内容を把握した。メモで確認した内容からも、凡そあり得ない不当な判決であることは明白だった。

「裁判所とも闘わなければならなくなった」

記者会見の冒頭で、藤井市長は、次のように述べた。

控訴審の判決には大変驚いています。今日は、市民の皆様に、私の無実が改めて明らかになったとご報告できると期待しておりましたが、こういった形となりました。これまで警察・検察と闘ってきましたが、裁判所とも闘わなければならなくなるとは思いませんでした。今回の事件と引き続き闘いながら、市長という職はしっかりと続けて行きたいと思います。本日、直ちに美濃加茂市に帰り、市民の皆様と相談した上で決めたいと思っています。

主任弁護人の私からは、弁護団が、口頭で言い渡された判決を聞いて把握できていた判決理由を前提に、控訴審判決がいかに不当極まりないものであるかを、以下のように説明した。

全く予想外の判決で大変驚いています。今日聞いた限りでも問題だらけの判決、不当極まりない判決だと思います。被告人供述の信用性とか中森供述と相反するT氏の供述の信用性などについて極々簡単に触れて信用性に疑問があると言っていますが、被告人がすべての公判に出廷していたのにその被告人の話を全く聞こうともせず、重要証人であるT証人についても全く直接確かめようともせず、その信用性を否定するというやり方は到底許されるものではありません。中森証言の信用性を肯定する根拠にしたA・B2人の証言が、どういう態度で、如何《いか》に不自然で如何に信用できないものだったか。一審を傍聴されていた記者の方々ならわかるはずです。それを今日の控訴審の判決では、全て書面で、証人尋問の記録だけで、信用できる、それによって中森の証言が裏付けられている、という判断をしました。一審の3人の裁判官が証人尋問、被告人質問をして無罪という判断をした事件で、ほとんど直接証人尋問もせず、被告人尋問もせず、その結論をひっくり返してしまうというのは、実質的にみると、憲法で保障された裁判を受ける権利を侵害しているのに等しい。しかも、控訴審でわざわざ中森の再度の証人尋問を行った意図について、一審では相当な時間を掛けて証人テストが行われたので、供述が合理的なもの、証拠との整合性のある内容になるのは当然なので、今回控訴審では証人テストなどを行わず、生の記憶を確かめることが目的だった、ところが、藤井事件の一審の判決書が受刑中の中森に送り届けられたために目的が果たせなかったということを認めているわけです。であるとすれば、なぜ判決書の差入れというとんでもないことが起きたのか、そこには中森の意図はどのように働いているのか、というところが最も重要なところで、我々弁護団は最終弁論でその点について詳細に中森の証人尋問の証言の内容を分析しました。そこから中森の虚偽供述の動機というのが十分窺《うかが》われるというのが我々の主張でした。ところがそれについて全く触れようとしない。一方で、検察が控訴趣意書で力説していた、中森証言を離れて間接事実によって現金の授受が推認されるという主張も否定しています。そうして、控訴審で行った審理をほとんど無視して、一審の段階の証拠に戻って、直接証人尋問をやったわけでもない、被告人質問をやったわけでもない3人の裁判官が、一審の証拠に基づいて一審とは違った有罪という判断を下したわけです。全く許しがたい判決です。

弁護人としては、言い渡された控訴審判決について、判決要旨を読んで正確に把握した上でコメントしたかったが、我々には、それができなかった。

ところが、会見に集まった記者達は、判決内容について資料のようなものを持っており、その資料に目を落としながら私のコメントを聞いていた。「どこから入手した資料なのだろう」と不思議に思っていた。しかし、会見終了後は、それについて記者に確かめる暇もなく、そのまま美濃加茂市に向かった。

一方、不当極まりない控訴審判決に対して即刻上告するという藤井市長の意向が確認できたので、名古屋に残った弁護人は、ただちに、上告申立書を作成して名古屋高裁に提出した。

「不当極まりない控訴審判決」を市民に訴える

美濃加茂市に到着し、まず、市議会の全員協議会に市長とともに出席し、控訴審判決の内容と、即日上告を申し立てたことを報告した。集まっていた議員からは、上告審の見通しについて質問が出た。「上告審での逆転は一般的には可能性は高くないが、本件は、一審無罪、二審有罪と判断が分かれ、しかも、二審判決は、不当極まりないもの。上告審での再逆転の可能性は十分にある」と強調した。

美濃加茂市役所に隣接する生涯学習センターでは、もともと、藤井市長の控訴審で、一審無罪判決が支持され、長かった裁判も終わる見通しになることを予想して、無罪判決を市民に報告し、共に喜び合う会が予定されていた。それが、急遽、「不当な控訴審〝逆転有罪判決〟の報告会」に変更され、主任弁護人の私から、控訴審判決と今後の見通しについて説明することになった。

そこには、無罪判決を信じていたのに、予想もしなかった結果に衝撃を受け、落胆する市役所職員、藤井市長を心配する美濃加茂市民が、数百人集まっていた。

まず、藤井市長が、以下のように冒頭挨拶《あいさつ》をした。

本来であればここで皆さんに良いご報告ができるということで設定してくださった会でした

が、名古屋の方は非常に驚いた結果でした。皆様方に対して心から申し訳ない結果だったことを、ご報告させていただきたいと思います。逮捕から2年5ヶ月、市民の皆様、また、美濃加茂市のためにお力添えをいただきました。そして、なんとか一審の裁判の審理のなかで、一切、私自身現金を受け取ったという事実はないということを客観的にも証明することができ、今日まで市長職を続けさせていただきました。そして今日から新たなスタートを切れると私自身心から楽しみにしておりましたが、今回このような判断を裁判長からされてしまいました。私としては、日頃から大変温かい言葉で支えていただいている皆様方には、市長職を全うしたい、皆さんのためにまだまだしっかり働きたいという思いがあることをひとこと述べさせていただき、また、皆様方からのお声をしっかりいただいて明日からの活動を考えていきたいと思っております。

それに続いて、主任弁護人の私が、控訴審判決について、説明した。

今日の名古屋高裁での判決には大変驚いております。私も市長と同様、今日は本当にいいご報告ができることを確信しておりましたので、まさかあのような形になるとは思いもよりませんでした。まず、私がなぜそれを確信していたのかというところを先にお話ししたいと思います。もともとその確信の根拠は、私が藤井市長の弁護人を務めるようになった時、逮捕の翌日から、藤井市長は一切現金など受け取っていないということを私自身ずっと確信しているということです。今も変わりません。絶対に藤井市長は無実、潔白です。私も23年間検察で検事の仕事をしてきた人間です。その確信には絶対に自信があります。

そして、藤井市長の潔白を確信する理由について、できるだけわかりやすく説明した後、最後に、このように訴えた。

これまで、藤井市長を信じ、支持して、美濃加茂市政を委《ゆだ》ねてきた皆さんに、このような不当極まりない有罪判決が出たことをご報告することは、誠に堪え難いことです。私は、絶対に屈しない。市民の皆さん。闘い続けましょう。藤井市長とともに、私も、上告審で、再逆転無罪判決を勝ち取り、市民の皆さんに、最後に良いご報告ができるよう、精一杯頑張ります。

被告人・弁護人には配布されなかった「マスコミ向け判決要旨」

判決の翌日、東京に戻っていた私に、藤井市長から電話があった。

前日の判決言渡し後、裁判所からは「判決要旨」が配布されなかったので、弁護団も藤井市長も、判決内容を正確に把握して対応することはできなかった。記者会見も、その後の美濃加茂市における判決内容の市議会への報告も、市民説明会での報告も、弁護団がとっていたメモだけを頼りに、説明することしかできなかった。

ところが、市長の話によると、判決言渡し直後に、裁判所からマスコミに判決要旨が配布されており、それを入手して有罪判決について詳しく議会に説明するように強く要請されているとのことだった。私は、すぐに、名古屋高裁刑事2部の担当書記官に、「判決要旨」を交付するよう要請したが、「『判決謄本』ができるまで待ってほしい。弁護人には判決要旨は渡せない」との回答だった。

判決言渡しの直後に、詳細な判決要旨がマスコミに配布されており、美濃加茂市の担当記者は、皆その要旨を読んで取材しており、市長にも、いろいろコメントを求めてくる。ところが、当事者である藤井市長は、その判決要旨を入手できていなかった。

私は、判決の翌日の11月29日に出した控訴審逆転有罪判決の不当性を訴えるブログ記事【控訴審逆転有罪判決の引き金となった〝判決書差入れ事件〟】の中で、次のように書いた。

昨日、判決言渡し直後に裁判所からマスコミに判決要旨が配布されていたことがわかった。藤井市長が、市議会から、判決要旨を入手したら声明を出すように要請されたので、弁護人からすぐに担当書記官に連絡し、マスコミに配布された判決要旨で構わないので交付して欲しいと求めたが、裁判長に確認した書記官は、「弁護人には渡せない」とのことだった。

裁判の当事者である被告人の弁護人に対して、「判決要旨」という判決内容を正確に記載した書面を交付せず、なぜかマスコミには判決直後に渡すというやり方は、藤井市長だけでなく、5万6000人の美濃加茂市民に対する「嫌がらせ」としか思えない。

この問題は、控訴審判決を傍聴していたジャーナリストの江川紹子氏も、ネット記事で取り上げてくれ、「判決要旨をマスコミに渡して被告人には渡さない裁判長」のことは、ネットでも話題になった。

判決の翌々日の11月30日、藤井市長が、直接、名古屋高裁に出向き、マスコミに配布されている判決要旨の交付を要請した。その際、森弓子《もりゆみこ》美濃加茂市議会議長も、市議会を代表して同行し、同じように、市議会にマスコミ配布の判決要旨を交付するよう要請した。

しかし、担当の高裁刑事2部の書記官からは、「刑事2部としては、報道用の便宜供与として、マスコミには配布したが、当事者には渡さない方針だ」との一点張りで、はねつけられてしまった。村山浩昭裁判長の方針だというのであれば、書記官も従わざるを得ないのは当然だった。

このように、藤井市長自身、そして、市議会議長までもが、わざわざ名古屋高裁に足を運び、「判決要旨」の交付を求めたのに、書記官に「門前払い」させるという村山裁判長の「仕打ち」は、美濃加茂市民、美濃加茂市議会側の怒りにつながった。控訴審での有罪判決後の美濃加茂市議会の動きにも少なからず影響を与えたようだ。

通常であれば、市長が、単に「被告人」というだけではなく、「控訴審で有罪判決を受けた被告人」になったことの意味は大きい。有罪判決を受けた以上、市議会から市長の辞職を求める声が上がるのが当然だろう。しかし、その控訴審判決は「常識では考えられない異常な判決」だと弁護人の私が、判決直後から強く訴えていた。しかも判決を出した裁判長は、マスコミに渡した判決要旨を被告人には渡さない、市長だけではなく、市議会議長までが頭を下げてお願いしても渡さない「異常な対応」をする裁判長だということが強く印象づけられた。控訴審判決は「異常な判決」だと弁護人の私が言っていることが、リアリティを持つことにつながった。

市議会は、全員協議会で、藤井市長を支えていくとの声明を出した。その後、藤井市長に対しては、市議会から辞職を求める声が上がることはなかった。

現職市長が、控訴審で有罪判決を受けた場合、マスコミからも市長辞職すべきという声が上がるのが通常だが、マスコミも逆転有罪判決を予想していなかったこと、市議会が早々と市長続投支持を打ち出したことなどもあって、マスコミの論調も藤井市長に概《おおむ》ね好意的だった。

市長辞職・出直し市長選挙の表明

控訴審で逆転有罪判決を受けた直後、渡辺健太氏と話した時点で、藤井市長は、市長を辞職して、出直し市長選挙に臨む決意を固めていた。その決意は、市議会から辞職を求める声が出なくても、変わらなかった。市長の任期は、２０１７年6月初めまで。公職選挙法上、首長が辞職し、その選挙に再び立候補して当選した場合の任期は、当初の任期の残任期間と定められている。藤井市長の場合、出直し選挙に臨んでも、半年足らずで、また市長選挙ということになる。しかし、それでも、控訴審で有罪判決を受けてた後も市長職を続けようとする以上、市民の審判を仰ぐのが当然だと考えていた。

半年の間に2回市長選挙を繰り返すことによる市の財政負担という問題もあるが、幸い、翌年1月に、岐阜県知事選挙が予定されていた。それとの同時選挙であれば、選挙のための費用は大幅に節減できる。同時選挙にするために、辞任を表明して辞表を提出する時期は、知事選挙まで50日以内の日でなければならない。藤井市長は、当初は、市長続投を表明しただけにとどめ、12月7日に、市議会で、「不当な控訴審判決と闘いながら市長職を続けることについて、市民の審判を仰ぎたい」として、市長を辞職し、出直し市長選に立候補する意向を表明した。

これに対して、マスコミからは「個人的な裁判の結果を市長選挙の争点にするのは民主主義の私物化」「僅かな間に2回の市長選を行って市民の税金を使うことになる」というような批判もあった。

しかし、控訴審で有罪判決を受けても、それを「不当判決」と言って無視して市長職にとどまることの方が「司法軽視」と言うべきであろう。一審・二審で判断が分かれた事件なのであるから、上告審の司法判断に委ねるべく、それが出るまでの間、引き続き市長職を担うことについて市民の審判を仰ぐというのである。控訴審で有罪判決が出た以上、どのような判決であれ、まずは重く受け止めて市長職を辞するというのが、司法を尊重する姿勢である。その上で、市長個人として、「控訴審判決は不当極まりない判決で絶対に納得できない、上告審で司法判断が覆ることを信じて、不当な控訴審判決と闘いながら市長職を続けたい。それを美濃加茂市民が許してくれるかどうか市民の審判を仰ぎたい」と言って再選挙に出馬するというのは、正当な考え方であり、何も批判されるべきことではない。

もちろん、有権者の市民に刑事事件の判決の中身について事細かな点まで理解してもらうことはできないであろう。しかし、藤井市長の事件に関しては、控訴審までの審理の経過等を外形的に説明するだけでも、控訴審判決が、藤井市長だけでなく美濃加茂市民にとっても到底納得できないものであることはわかってもらえるはずだ。

このような藤井市長の〝市長辞職、出直し選挙立候補〟に向けての動きを、我々弁護団も全面的に支援した。市民向けの「控訴審不当判決説明会」を開き、名古屋高裁の控訴審逆転有罪判決が、いかに不当極まりない「異常な判決」であるかを、検察官と弁護人の主張の対比、中森証言の信用性に関する判断の一審判決と控訴審判決の違い、控訴審の審理経過、受刑中の中森への判決書差入れのことなどをパワーポイントにまとめて、丁寧にわかりやすく説明した。
その最後を、私は、次のように締めくくった。

藤井市長は収賄で起訴され60日間の勾留《こうりゅう》の後、保釈で釈放されて美濃加茂に帰ってきました。その時以降、いろんな形で市民の皆さんと会って、自分は現金などもらっていないこと、浄水プラントの導入は市民の皆さんのためにやってきたんだということを、繰り返し、繰り返し説明してきたはずです。市民の皆さんは、その藤井市長の言うことは信用できると考えて今まで市長を支持してきたはずです。直接聞いている、直接対話しているから、だから信用できるわけです。

一審の裁判官3人は、被告人質問で、検察官が意地悪な質問をする、弁護人の質問に答える、裁判所も必要な範囲で直接質問する、その時の表情、態度、姿勢、そういったものを全部総合的に判断して、被告人、藤井市長の言っていることが信用できる、中森の言っていることは信用できないという判断をしたわけです。

ところが控訴審は全くそんな話を聞きもしない。藤井市長は忙しい公務の合間を縫って名古屋まで行って、高裁の公判に全て出廷していました。市長の話を聞こうと思えばいくらでも聞けるわけです。ところが全く聞こうとはしない。一言も喋《しゃべ》らせもしない。「次回はいつです、いついつ来てください」、それだけです。それだけのことで、一審の被告人質問の記録を見て、

「信用できない」、こういう判断をしたわけです。あまりにふざけていませんか。これだけでも、私は、美濃加茂市民にとって到底受け入れられる判決ではないと思います。あまりに馬鹿にしている。あまりに美濃加茂市民を侮辱している。そういう判決だと思います。藤井市長も説明しているように、警察の取調べの時に、「こんなハナタレ小僧を市長にした美濃加茂市民は馬鹿だ」というようなことを言ったり「美濃加茂を焼け野原にしてやる、徹底的にやってやるぞ」、とこういうことを言ったり、随分酷《ひど》いことを警察も言ってきました。しかし、私は、控訴審の裁判所がやったことはそれ以上だと思います。「美濃加茂市民がどういうふうに思おうと、そんなものは関係ない。自分たちは記録だけで判断して、市長の言っていることは信用できないとした。それだけのことだ」。こういう話です。こんな控訴審判決には絶対承服できない。こんなものは裁判ではない、絶対認めてはならない、と私は思います。

この説明会の様子は、動画に収録し、使用したスライドとともに、「美濃加茂市長事件控訴審不当判決の検討」として YouTube でネットにアップした。多くの美濃加茂市民が視聴した。また、名古屋の山内弁護士も、市民向けに控訴審判決についての説明を何度も行った。

〝美濃加茂市長選、藤井氏圧勝〟に水を差す中日新聞

藤井市長が辞職したことに伴う美濃加茂市長選挙は、翌2017年1月22日に告示、1月29日に投開票が行われた。藤井市長続投を批判する対立候補が立候補したが、再出馬した藤井氏は、1万9088票を獲得し、4105票の対立候補に圧倒的な差をつけて当選した。しかも、

投票率は、57・1％と、前回、藤井氏が初当選して全国最年少市長となった際の激戦だった市長選挙を4・24ポイント上回り、獲得票数も、前回を７６９４票も上回った。「不当判決と闘いながら市長職を続けていくことへの信任」を訴えて出馬した藤井氏への市民の圧倒的支持が確かめられた選挙結果だった。

ところが、この選挙結果を報じる紙面で、藤井氏圧勝に思い切り水を差すような報道を行ったのが地元の中日新聞だった。

同じ日に行われた岐阜県知事選挙の記事よりも遥《はる》かに大きく、社会面トップで報じているのだが、大きな横見出しは《疑問消えぬ圧勝劇》、その下に《支持者は「選挙必要なかった」》、左横の方の《藤井氏は「信任を得た」》の見出しの下に、「三権分立抵触のおそれ」というタイトルで、「地方自治に詳しい昇秀樹《のぼるひでき》名城大学教授（行政学）」の以下のコメントが掲載されている。

藤井氏は「法廷闘争をしながら市長を続けることの是非を問う」と唱《とな》え、選挙戦では「有罪判決の不当性」を訴えていたと聞く。司法が判断したことの是非を選挙で有権者に判断させるやり方で、憲法が定める三権分立に触れかねず、不適切だ。五月の市長選に藤井氏は立候補するべきでない。当選しても、有罪判決が確定して失職する可能性が残り、市政を混乱させかねない。政治家の身の処し方として、いったん身を引くべきだろう。

このコメントは、どう読んでも全く理解できない。

「三権分立」とは、国家権力を立法権（国会）、行政権（内閣）、司法権（裁判所）に分立させ、各権力相互間の抑制・均衡を図ることで、国民の権利・自由の確保を保障しようとするシステムである。控訴審で「逆転有罪判決」を受けて市長を辞職した後に、「控訴審判決は不当であり、最高裁に上告中であるが、最終的に上告審の判断を仰ぎ、その判断が出るまで市長職を続けたい」と市民に訴えて支持を呼びかけることが、どうして「三権分立」の問題になるのであろうか。

地方自治体である美濃加茂市長選挙で示される「有権者たる市民の意思」は、「三権」に該当しないだけでなく、そもそも「権力」ではない。また、「司法が判断したことの是非」と言っているが、本件は、一審無罪、二審有罪で、まだ最終的な司法判断は出ていないのであり、前提が根本的に間違っている。

任期満了による市長選挙に無投票当選

藤井市長が出直し市長選で圧勝し、再選されて3ヶ月余り経った5月14日、任期満了に伴う、美濃加茂市長選挙が告示されたが、藤井市長以外に立候補者はなく、無投票再選となった。1月の選挙での圧勝が、対立候補擁立の動きを阻んだのであろう。それによって、藤井市長への美濃加茂市民の信任が改めて確認された。

「警察」と「検察」という権力機関が、市民によって選ばれ、市政を担う市長を、その職から引きずりおろそうとしたのが今回の事件であった。そのような権力に、美濃加茂市民は屈することなく、一貫して市長の潔白・無実を信じ、支持・支援を続けた。一審判決は、証拠の希薄さ、贈賄証言が信用できないことを適切に指摘して無罪を言い渡したが、控訴審判決が、藤井市長に一言の発言すらさせることなく、不当に無罪判決を覆した。その控訴審判決に対して、上告して最高裁の最終的な司法判断を求めている藤井市長は、市長選挙で示された美濃加茂市民の圧倒的な支持を背景に、警察、検察、そして控訴審裁判所という「司法の闇」との闘いを続けているのである。

第12章　上告審での〝再逆転無罪〟を確信する

〝最強の上告審弁護団〟の結成

市長に再選されても、刑事裁判で有罪が確定すれば失職することになる。藤井市長が引き続き美濃加茂市政を担うためには、控訴審の逆転有罪判決が上告審で破棄され、〝再逆転無罪判決〟が出されることが不可欠だ。

上告審は、三審制の刑事裁判の最終審だ。しかし、上告理由は限定されており、控訴審の事実認定や法律適用が、憲法や、刑事裁判のルールと言うべき「最高裁判例」に違反した場合や、事実認定や訴訟手続に重大な誤りがあって、「著しく正義に反する」という場合でない限り、上告審で控訴審判決が覆されることはない。一般的には、控訴審判決が上告審で覆る可能性は低い。

しかし、藤井市長の事件では、一審では無罪、控訴審で有罪と、判断が分かれている。しかも、一審が、証人尋問・被告人質問を直接行った心証に基づく判断であるのに対して、控訴審は、基本的に一審の審理結果について、記録を読んで判断するだけだ。一審の審理に市民が参加する裁判員制度の導入に伴って、一審の審理と判断を重視するのが刑事裁判の趨勢《すうせい》となっており、2012年の「チョコレート缶事件最高裁判決」では、控訴審で一審の事実認定を覆すためには、一審の事実認定の論理則・経験則違反を具体的に指摘することが必要だとされ、一審重視は最高裁判例でも明確に示されている。

こうした状況において、現職市長に対する一審無罪判決を破棄して有罪とした名古屋高裁の控訴審判決について最高裁がどのような判断を下すか。美濃加茂市長事件は刑事控訴審の在り方という面でも注目される事件となった。

そのような上告審で、控訴審判決の破棄、〝再逆転無罪〟を勝ち取るための弁護団の体制強化のため、新たに弁護人に加わった強力なメンバーが、原田國男《はらだくにお》弁護士と喜田村洋一《きたむらよういち》弁護士の2人だ。

原田弁護士は元東京高裁部総括判事。長年裁判官として活躍され、「控訴審における事実誤認の審査方法」に関しては、在職中から注釈書・論文等を執筆されるなど、議論に大きな影響を与えてきた専門家だ。私とは2010年に、大阪地検の一連の不祥事を契機に法務大臣の下に設置された「検察の在り方検討会議」の委員で一緒だった。

喜田村弁護士は、民刑事全般にわたり広く活躍されているベテラン弁護士で、ロス疑惑事件、薬害エイズ事件、陸山会《りくざんかい》事件等の数々の著名事件で無罪判決を獲得、刑事上告審での逆転無罪判決を勝ち取った経験も持たれている。東京国税局告発、東京地検特捜部起訴の脱税事件で初めての無罪判決を勝ち取った八田隆《はったたかし》氏が提起した国家賠償請求訴訟で、共に原告代理人を務めている。

原田・喜田村両弁護士に、藤井市長の上告審の弁護人就任をお願いしたところ、快諾され、原田弁護士と同じ事務所の吉峯耕平《よしみねこうへい》弁護士も含め、新たに3人の弁護人が弁護団に加わることになった。こうして〝最強の上告審弁護団〟を組織することができた。

美濃加茂市長事件の上告審弁護団は、2017年2月7日に、東京の裁判所クラブでの記者会見を開き、新たなるメンバーを明らかにした。

それ以降、上告趣意書の作成作業を本格化させ、完成した上告趣意書を、5月16日に最高裁判所第3小法廷に提出。その日の午後1時から、弁護団の主要メンバーと藤井市長とで記者会見を行った。

上告趣意書は全文で128頁に上る。記者会見では、説明用に抜粋版（50頁）を作成して配布した。これとほぼ同様の内容の抜粋版を、私の法律事務所（郷原総合コンプライアンス法律事務所）のHPに掲載している。

上告理由として主張したのは、以下の3点だ。

第一に、控訴審判決は、「一審が無罪判決を出した時、控訴審が、新たな証拠調べをしないまま一審判決を破棄して有罪判決を下すことができない」とする最高裁判例（昭和31年7月18日）及び「第一審判決が、収賄の公訴事実について無罪を言い渡した場合に、控訴裁判所が、事件の核心をなす金員の授受自体についてなんら事実の取調べを行うことなく、訴訟記録及び第一審で取調べた証拠のみによって犯罪事実の存在を確定し、有罪の判決をすることは違法」とする最高裁判例（昭和34年5月22日）に違反する。

第二に、控訴審判決は、「控訴審が一審判決に事実誤認があるとして破棄するためには、一審判決の事実認定が論理則・経験則等に照らして不合理であることを具体的に示すことが必要」とする平成24年2月13日最高裁判例（前記「チョコレート缶事件判決」）に違反する。

第三に、控訴審判決は、重大な事実誤認により、被告人を無罪とした一審判決を破棄して被告人を有罪としたものであり、無辜《むこ》の被告人を処罰の対象とした点で、著しく正義に反する。

記者会見では、我々弁護団が、控訴審判決が不当極まりないものであり、上告審での〝再逆転無罪〟を確信していることに関して、各弁護人から若干のコメントを行った。

一審無罪を控訴審で有罪にするために必要な証拠調べ

第一の主張は、控訴審判決が、第一審無罪判決を破棄して有罪の自判をすることについての判例のルールに違反したというものだ。このルールというのは、証人尋問や被告人質問等を直接行って、供述者の態度や表情等も含めてその信用性を判断する第一審（このようなプロセスを経た裁判所の判断を重視することを「直接主義」「口頭主義」と言う）と、その結果を記録した書面だけで判断する控訴審とは大きく異なるのであるから、控訴審が、一審無罪判決を覆して有罪判決を言い渡すためには、自ら新たな証拠調べをしなければならない、というものだ。しかも、その証拠調べも、単に、「やれば良い」というものではなく「事件の核心に関するもの」でなければならない。その結果、公訴事実が認定できると控訴審が判断した場合にのみ、有罪の自判をすることができる、というのが判例である。

ところが、本件の名古屋高裁での控訴審では、この新たな証拠調べが「事件の核心」である現金授受に関して行われたとは到底言えない。

控訴審では、贈賄供述者の中森本人の証人尋問が職権で行われ、中森は、一審証言とほぼ同じ内容の証言を行ったのだが、それは判決書を事前に読んでいたのだから当たり前であり、少なくとも、中森証言の信用性を認める証拠としては意味のないものだった。控訴審判決も、「当裁判所としても予測しなかった事態が生じたことから、当裁判所の目論見《もくろみ》を達成できなかった面があることは認めざるを得ない。したがって、当審における中森の証言内容がおおむね原審（一審）公判証言と符合するものであるといった理由で、その信用性を肯定するようなことは当然差し控えるべきである」と判示している。

それ以外に、控訴審で行われた新たな証拠の取調べは、中森の取調べを行った中村警察官の証人尋問だけだった。ところが、それは、「中森の供述経過」だけにしか関係しない証拠で、しかも、中森の取調べを担当した警察官という捜査の当事者であり、中森証言の信用性が否定されることに重大な利害関係がある人物の証言なので、証拠価値が極めて低い。このような証拠調べが、控訴審での「新たな証拠調べ」として評価されるものではないことは明らかだ。

そうなると、控訴審で、一審無罪判決を覆す判断をしようと思えば、最低限必要なことは、被告人質問で、現金の授受という「事件の核心」について、被告人から直接話を聞くことであった。しかし、被告人の藤井市長は、公判期日すべてに出席していたのに、裁判所は、被告人質問を一切行わず、直接話を聞くことを全くしないまま結審し、逆転有罪判決を言い渡した。

しかも、控訴審判決は、直接見聞きしたわけでもなく、裁判記録で読んだだけの一審被告人質問での供述について、「中森が各現金授受があったとする際の状況について、曖昧《あいまい》若しくは不自然と評価されるような供述をしている」という理由で、証拠価値がないと判示した。現金は全く受け取っておらず、一緒に昼食をしただけだと一貫して述べている藤井市長が、1年半も前に、誰かとファミレスで短時間、昼食を一緒にした時のことについて、資料をもらったか否か、どのような話をしたのかなど具体的に覚えていないのが普通であり、その点について記憶が曖昧だということは、被告人供述の証拠価値を否定する理由には全くならない。ところが、控訴審判決は、この被告人の一審での公判供述について、（その供述を直接見聞きしたわけでもないのに！）「被告人が記憶のとおり真摯《しんし》に供述しているのかという点で疑問を抱かざるを得ない」などと、藤井市長の供述態度まで批判しているのである。

このような控訴審判決が、一審の無罪判決を破棄して有罪を言い渡す場合の判例のルールに違反していることは明白だ。

この点に関連して、記者会見で、喜田村弁護士は、次のようにコメントした。

江戸時代に『両方聞いて下知をなせ』という言葉があった。裁きに当たっては、両方の言い分をちゃんと聞きなさいということ。近代的裁判以前の江戸時代でもなされていたのに、名古屋高裁は毎回出廷していた藤井さんに何も聞こうとしなかった。近代的な裁判の名に値しない。

控訴審での事実誤認、一審の論理則・経験則違反

第2の主張で判例違反の根拠としているのが「チョコレート缶事件判決」だ。それまでは、第一審裁判所が、直接証人尋問等を行って得た「心証」と、控訴審裁判所が、事件記録を検討して得た「心証」とが異なっていた場合に、控訴審判決が、第一審判決を事実誤認で破棄する

ことについて特に制約はなかった。しかし、裁判員制度が導入され、それまで以上に、刑事裁判の審理を一審中心にする必要性が高まる中で、最高裁は、「第一審において、直接主義・口頭主義の原則が採られ、争点に関する証人を直接調べ、その際の証言態度等も踏まえて供述の信用性が判断され、それらを総合して事実認定が行われることが予定されていることに鑑《かんが》みると、控訴審における事実誤認の審査は、第一審判決が行った証拠の信用性評価や証拠の総合判断が論理則・経験則等に照らして不合理といえるかという観点から行うべきもの」と判示し、「論理則・経験則違反が具体的に指摘できない場合には、第一審判決を事実誤認で破棄することができない」という「控訴審の事実誤認破棄ルール」が示された。

控訴審判決でも、第一審判決の事実認定を批判する中で、「論理則・経験則違反」という言葉を多数、使ってはいる。しかし、その内容は、一審判決が論理則・経験則に照らして不合理であることを具体的に指摘したものではなく、控訴審の誤った「心証」に基づく判断を「論理則・経験則」と言い換えているだけである。

この点に関して、原田弁護士は、記者会見で、次のようにコメントしている。

かつては、控訴審の裁判官は自分の心証を優先させていた。この最高裁の判断が出たことで、有罪の心証であっても、論理則・経験則違反を合理的に示せなければ、心証は後退させなければならない。にもかかわらず、実際には自分の心証に添って有罪と判断して、最後の方にチョロチョロッと論理則・経験則違反に言及しただけの『隠れ心証優先説』の判決も出て来ている。これは、旧来の心証優先説への密《ひそ》かな回帰であり、判例の空洞化を図るもので、本件の控訴審判決はその典型だ。

今回の事件の控訴審判決の指摘が「論理則・経験則違反の指摘」とは言えないことの典型的な一例を挙げよう。

本件では、現金授受があったとされる現場に常にT氏が同席していたこと、そのT氏が「自分が見ているところで現金授受の事実はなかった。席も外していない」と証言していることが、現金授受の事実を認定する上での最大の問題であった。

第6章で述べたように、その点に関連して、最初に取られた中森の警察官調書では、1回目の現金10万円の授受があったとされた「ガスト美濃加茂店」での会食について、T氏は同席せず、藤井氏と中森の2人だけだったように記載されているのに、その後、検察官調書で、T氏も含めて3人の会食だったとされている。そこで、弁護人は、「当初、2人だけの会食だったと供述していた中森が、ガスト美濃加茂店の資料で3人だったことが判明したため、事後的に辻褄《つじつま》合せをしたものだ」と主張し、その点を、中森供述が信用できないことの根拠の一つとしていた。それに対して、中森は、一審公判で、「警察官調書作成後、メール等の詳しい資料を熟読するうちに、2014年3月末頃から同年4月上旬頃、藤井が到着するのをガストの駐車場でTと一緒に待っていた情景等を思い出した」などと、T氏が同席していたことを自分で思い出したように証言していた。

この点について、一審判決では、

中森は、すでに3月27日付け警察官調書において、被告人とガストの駐車場で待ち合わせた

こと自体は供述しているし、4月2日午前中に被告人と中森との間でやり取りされたメールを見ても、Tを同行していた事実を推測させるような記載は見当たらないことからして、前記資料等を見たことをきっかけに前記情景等が思い出されたとする中森の説明はそのまま首肯し難い。

と指摘していた。

その指摘について、控訴審判決は、

確かに、メールの履歴をみる限り、Tに関する記載は無いものの、記憶喚起のあり方として、Tの存在を直接示す記載が無くても、メールを見ながら当時の状況について記憶喚起している中で、Tがいた情景を思い出すということは、経験則上あり得ることであり、この点も特に不自然ではない。

などと、一審判決の指摘が経験則に反しているかのように判示した。

しかし、一審判決は、記憶喚起の経過として、「メールにTの存在を直接示す記載が無いのに、メールを見ながら当時の状況について記憶喚起している中で、Tがいた情景を思い出すこと」があり得ないと言っているのではない。それ以前の警察官調書で、被告人とガストの駐車場で待ち合わせたこと自体は供述しているのだから、メール等を見て「被告人が到着するのをガストの駐車場でTと一緒に待っていた情景等を思い出した」という経過で思い出したとは思えない、そのような中森の説明が不合理だ、と指摘しているのである。

しかも、中森は、控訴審での証人尋問で、この点について、「Tがガストに同席していたことを思い出したきっかけ」について裁判所から質問され、「刑事さんに頼んで、カードの支払の明細を取寄せてもらったところ、しばらくして、それが来て、３人分のランチの支払があったので、Ｔがいたことがわかった」と証言しており、控訴審では、「被告人が到着するのをガストの駐車場でＴと一緒に待っていた情景等を思い出した」という一審での証言を、自ら否定している。

また、前述したように、控訴審で証人尋問が行われた中森の取調べ警察官の中村も、「中森は４月２日ガストでのＴ同席を、自分で思い出したのではなく、４月13日頃にガスト美濃加茂店の資料を示されて思い出した」と証言しており、一審の中森証言は、中村証言とも相反している。

つまり、Ｔ氏の同席を思い出した経緯についての一審中森証言が「首肯し難い」とした一審判決の指摘が正しかったことは、控訴審での証拠調べの結果によっても明らかになっているのである。

ところが、控訴審判決は、自ら行った証拠調べ（中森証人尋問）の結果を完全に無視し、一審中森証言が「特に不自然ではない」などと判示して、一審判決の指摘が誤っているかのように言っているのである。

それ以外にも一審判決の「経験則」違反を指摘しているが、証拠に基づいて仔細《しさい》に検討していくと、中森の捜査段階からの供述経過や、関係者の供述を無視したり、一審判決の指摘の趣旨を誤ってとらえたり、全くの憶測で中森の意図を推測して中森証言の不自然性を否定したりするなど、不合理なものばかりだ。このような控訴審判決が、「一審判決の論理則・経験則違反を指摘」したとは到底言えず、最高裁判例に違反していることは明白である。

判例違反が招いた重大な事実誤認

そして、第3の上告理由が、中森証言の信用性を肯定し、現金授受があったと認定したことが「著しく正義に反する重大な事実誤認」だということだ。

中森の知人のAとBの証言が全く証拠価値のないものであることは第6章で詳述した。一審判決は、A・Bの証人尋問を直接行った心証に基づき、証拠価値がないものであることを端的に判示した。ところが控訴審判決は、事件記録だけに基づいてA・Bの証言を、中森証言の信用性を高める証拠として評価した。一方で、現金授受があったとされる会食に同席したT氏の証言は不当に過小評価した。しかも、中森の虚偽証言の可能性についての重要な証拠であるY氏の証人尋問請求も却下した。上告趣意書では、控訴審判決が、このように事実認定に関して多くの重大な誤りを犯していることを指摘した。

控訴審判決がそのような事実誤認を犯した根本的な原因は、審理のやり方も、判断の仕方も、最高裁判例に基づく裁判のルールに違反しているからだ。一審裁判所の、証人尋問や被告人質問を直接行った上での事実認定は尊重されなければならない。控訴審裁判所がそれを覆すためには、それ相当の審理を自ら行うこと、そして、それ相当の理由を示すことが必要とされるというのが判例ルールである。ところが、今回の事件の控訴審は、審理のやり方が、「控訴審は、『事件の核心』について新たな証拠調べをしないまま一審無罪判決を破棄して有罪判決を下すことができない」というルールに違反し、一審の事実誤認の指摘については、「控訴審が一審判決に事実誤認があるとして破棄するためには、一審判決の事実認定が論理則・経験則等に照らして不合理であることを具体的に示すことが必要」とするルールに反している。このように判例に基づく裁判のルールに違反した審理・判決は、重大な事実誤認を行うことにもつながるのである。

藤井市長の事件の控訴審判決については、上告理由である最高裁判例違反の面からも、控訴審判決の結論としての事実認定の誤りという面からも、上告審で破棄され、〝再逆転無罪判決〟が言い渡されなければならない事件だ。

藤井市長は、記者会見での挨拶《あいさつ》を、以下のように締めくくった。

本日、弁護団の先生方に、最後の司法判断に向けて、最高裁判所への上告趣意書を提出して頂きました。

私の言い分を一言も聞くことなく、有罪を言い渡した控訴審判決が、全くの誤りであること、私にかけられた容疑が無実無根で、私が潔白であることを、完璧《かんぺき》に論証していただいたと思っております。

私は、日本の司法の正義を信じたいと思います。

今回の上告趣意書を最高裁でしっかり受け止めて頂き、私が潔白であるという真実が明らかにされることを、そして、私の無実を信じ、市長として信任してくださっている美濃加茂市民の皆様に良い御報告ができることを確信しています。

「司法の正義を信じる」という若き市長の言葉に応《こた》える最高裁の適切な判断が下されることを、

主任弁護人の私は、固く信じている。

おわりに

上告趣意書を提出して、半年が過ぎた。

一般の事件では、2、3ケ月で、「上告事由に該当しない」という「三行半の例文」が届いて上告棄却となる場合が多いが、さすがに藤井市長の事件については、最高裁でも、慎重な審理が続けられているのだろう。

3年半余りの間、被告人の立場に立たされている藤井市長だが、市長の職に漫然と留《とど》まっていたのではない。裁判と向き合いながらも、様々な市政の課題に取り組んできた。

市長就任の半年前、長年にわたり美濃加茂市で多くの雇用を確保してきたソニー子会社の工場閉鎖が発表された。また、企業誘致を目的に工業団地の造成が進んでいたが、進出企業の目《め》途《ど》が立っておらず、市長就任時には企業誘致と雇用確保が市長の至上命題となっていた。企業の誘致活動に市長自ら取り組んだ結果、1期目の4年間で、工業団地6区画ではミツカングループの新工場の誘致などが成功し、工業団地は全て完売。ソニー関連工場跡地には、新たに流通関連企業が進出した。既存企業の規模拡大など、市内企業との連携も順調に進んでいる。美濃加茂市の人口も、岐阜県全体では減少傾向にある中で、藤井市長就任時の5万5264人から5万6100人に増加した。

2期目に入ってからは、市役所庁舎建て替えや自然環境を活《い》かした公園整備などの大型プロジェクトに着手し、少子化・高齢化対策、若者の政治参加、女性の活躍推進など、市民一人ひとりの目線に立った政策を推進し、議会との意思疎通も積極的に行っている。

藤井市長は、市長就任時に公約としても掲げていた。逮捕・起訴され、保釈で市長職に復帰した後は、市民と膝《ひざ》を突き合わせた意見交換の機会を持つことを最も重要なことと考えており、市民との接触の際に事件についての批判・非難を直接浴びることを心配する声もあったが、実際にはそのような声は全くない。まさに老若男女、小学生からお年寄りまで幅広い世代・分野の人たちと、市の将来に向けて議論を交わし、若い市長ならではの「市民と市長が力を合わせたまちづくり」を展開することにつながっている。

市長として行事に出席した際、市民と一緒に写真撮影をすることがあるが、その際、裁判のことを気にかけて、耳元で「負けたらあかんよ！」と、周囲にわからないように声をかけてくれる人もいる。裁判が続く現状にめげず、市長職を全うしてほしいという市民の気遣いだろう。

このような若き美濃加茂市長の取組みは、他の自治体などでも話題になり、「藤井市長に会いたい」と市外から市役所への来訪者も増え、「若者の政治参加」などをテーマとする講演依頼を受けることも多い。

そのような藤井市政への期待の一方で、刑事事件では被告人の立場にあり、有罪判決の確定で失職する可能性があるため、長期的視野に立った政策展開については「やり遂げることができるのか」という不安の声を聞くこともある。その不安が、市民のために市長と共に働く市役所職員の心に大きな影を落としていることは否定できない。

酒宴の席で、酔って取り乱し、涙を流しながら訴えてくる市職員もいる。「不当判決はどうにかならないか。署名でも嘆願書でもなんでもする。せっかく美濃加茂市が新たな希望を見つけて進みだしている今を、絶対に止めてはいけない」。そうした職員の本音に接すると、藤井市長の胸は痛む。こうしたジレンマにより、市民や議会全体の総意を得てプロジェクトを進めていく長期施策において、市長カラーを十分に示せないことが、何より耐え難い。

美濃加茂市長藤井浩人は、市民から与えられた市長という職を「天職」と考えている。市民に支持してもらえる限り、市長職を続け、美濃加茂市と市民のために人生を捧《ささ》げたいと考えている。

一日も早く、被告人の立場から離れ、市民のために思う存分に働きたい。若き市長の心からの願いは、上告審での再逆転無罪判決によって叶《かな》えられる。

本当の「美濃加茂の春」が訪れる日は遠くない。

巻末資料

資料①

2014.9.17

報道関係者各位

藤井浩人美濃加茂市長の第１回公判の報道についての要請

藤井浩人主任弁護人　弁護士　郷原信郎

藤井浩人美濃加茂市長の受託収賄等事件に関する報道については、9月8日に開かれた贈賄供述者中森良正の公判での検察官冒頭陳述の報道に関し、検察官の冒頭陳述が具体的かつ詳細に報じられることで、現金授受を全面的に否認している藤井市長が、あたかも有罪であるかのような印象を読者・視聴者に与えて藤井市長の名誉が棄損されることを懸念し、刑事事件に関する対等報道の観点に基づく格段の配慮を要請したところである。9月17日午後4時から名古屋地方裁判所で行われる、藤井市長にかかる被告事件の第1回公判において、当職ら弁護人は、中森の贈賄供述の信用性に重大な問題があることなど、検察官の主張に対する具体的反論を詳細に行う予定であるが、同公判の報道に当たっても、以下の各事項を考慮し、公正かつ中立的な報道が行われることを強く要請するものである。

① 本件については、弁護人からの再三にわたる客観・中立報道の要請にもかかわらず、藤井市長逮捕直後から、捜査機関側の情報に基づくと思える「有罪視報道」が繰り返され、公人たる藤井市長の名誉が著しく棄損されてきた。今回の第1回公判における弁護側冒頭陳述等による弁護側主張は、これまでの「有罪視報道」に対しても、初めての具体的反論となるものであり、弁護側冒頭陳述の具体的内容を可能な限り詳細に報じることが、捜査側の情報に基づく「有罪視報道」によって読者・視聴者に生じた誤解を早期に是正し、名誉棄損によって生じ得る法的責任を最小化するための最も有効な手段であること。
② 当職は、上記中森公判の報道に関して、信用性に重大な問題がある中森供述に基づく検察官の冒頭陳述のうち、現金の授受の具体的状況について報道することは差し控えることを要請したが、報道各社は（中森供述の信用性に関する弁護側の主張を付記してはいるものの）、現金の授受の具体的状況を報じた。今回の藤井公判における、現金授受の具体的状況に関する検察官冒頭陳述が詳細に報道された場合、中森供述に基づく現金授受の具体的状況に関するほぼ同一内容の検察官の主張が二度にわたって報じられることで、それが読者・視聴者に印象づけられることになる。そのような検察官冒頭陳述の報道と、それに対する弁護側の初めての具体的反論としての藤井公判での弁護側冒頭陳述等の報道とが「実質的に対等」となるように配慮することが、「対等報道」の観点からの公正かつ中立的な報道として求められると思料されること。

見出しで報じることは、読者・視聴者に対して、藤井市長の贈収賄事件で裁判所が有罪を認定したかのような誤った印象を抱かせることになる。

藤井市長は、受託収賄等を全面的に否認したまま保釈され、美濃加茂市長の職に復帰し、市民の支持と信頼を得て市長の公務に全力を尽くしている。万が一、中森に対する有罪判決があったことが、藤井市長事件の有罪無罪の判断に関連づけて報道された場合、読者・視聴者に、「藤井市長有罪」の誤った印象を与えることとなり、藤井市長の公務に重大な支障を生じさせることとなる。また、中森に対する判決の報道を通して、藤井市長が有罪であるかのような印象操作を行うことは、「推定無罪の原則」の下での報道倫理にも反するものである。

そこで、藤井市長の主任弁護人として、中森判決の報道に当たって、下記の事項を要請する。

① 有印公文書偽造・同行使、詐欺、贈賄被告事件に対する判決であることを正確に表示すること（法定刑、量刑への影響の比較からも、「贈賄等被告事件」などと略称することは事実に反する歪曲《わいきょく》であり、許されない。）
② 判決での「量刑についての判断」は、融資詐欺の事実に対するものと贈賄に対するものとを区別し、融資詐欺に関する判示が贈賄に対する判示と誤解されないようにすること
③ 贈賄に関する判決について、藤井市長の公判との関係に言及する場合は、「中森被告は起訴事実を全面的に認めているので有罪判決は当然であり、証拠関係も異なるので、藤井市長に対する判決とは直接関係ない」旨付記すること

万が一、上記要請に反する報道が行われた場合には、報道倫理上の問題としての対応及び法的措置を検討せざるを得ないことを付言する。

資料②

2015.1.15

報道関係者各位

中森良正被告人に係る判決の報道についての要請

藤井浩人主任弁護人　弁護士　郷原信郎

1月16日午前、名古屋地方裁判所で中森良正の有印公文書偽造・同行使、詐欺、贈賄被告事件に対する判決が言い渡される予定である。

中森の公判では、中森が贈賄の事実を含め公訴事実を全面的に認めているので、検察官請求の証拠に不備でもない限り、中森の自白に基づいて有罪判決が言い渡されるのは当然である。そこでは贈賄事実の有無について格別の判断が示されるものではなく、ましてや、藤井市長の公判で争点となっている中森の贈賄供述の信用性について、判断が示される余地は全くない。

しかも、中森に対する公訴事実のうち、「有印公文書偽造・同行使、詐欺」は、地方自治体等の名義の発注書・受注証明書・契約書等を偽造して、浄水設備を受注しているかのように装い、取引先の名義で自社の預金口座に振込を行って発注者から代金が入金されているように仮装するなどして、金融機関から6000万円もの金員を騙取《へんしゅ》した悪質・重大な融資詐欺事案であるのに対して、「贈賄」の公訴事実は、金額が30万円と僅少《きんしょう》であるうえ、上記詐欺等での勾留《こうりゅう》中の自首に等しい経過であることから、刑事責任の程度は軽微である。

同被告人に対する裁判所の量刑判断の殆《ほとん》どは、「有印公文書偽造・同行使、詐欺」の事実に関するものなのであるから、同被告人に対する判決を報じるのであれば、金融機関を食い物にする悪質かつ重大な融資詐欺の再発防止の観点からも、融資詐欺の事実を中心に報じるのが当然であり、それが、報道機関としての社会的責任でもある。

しかるに、中森公判で上記判決が予定されていることに関して、複数の報道機関から、藤井浩人美濃加茂市長に対して、中森公判での贈賄の有罪判決についての感想・コメントを求めるなど、中森に対する贈賄の有罪判決を、藤井市長の事件に関連づけて報じようとする動きがある。

藤井市長は、上記中森の贈賄供述に基づいて受託収賄で逮捕・起訴されたが、一貫して賄賂の授受を否定し、潔白を訴えている。贈賄事実を全面的に認める中森に有罪判決が出たからといって、それを、担当裁判部も異なり、主張も証拠も完全に異なる藤井市長の事件に関連付け、贈賄の事実を同一の裁判所が認めたことを印象づけるかのような報道を行うことが許されないことは言うまでもない。

また、中森に対する有印公文書偽造・同行使、詐欺、贈賄の事件に対する有罪判決のうち、贈賄の部分だけ殊更に強調し、「藤井市長への贈賄で中森被告に有罪判決」などの

装丁／國枝達也

郷原信郎（ごうはら　のぶお）
1955年島根県生まれ。東京大学理学部卒。東京地検特捜部、長崎地検次席検事、法務省法務総合研究所総括研究官などを経て、2006年弁護士登録。08年郷原総合コンプライアンス法律事務所開設。企業・官庁の不祥事対応でも活躍するコンプライアンスの第一人者であり、これまで総務省顧問、日本郵政ガバナンス検証委員会委員長、総務省年金業務監視委員会委員長、総務省コンプライアンス室室長などを歴任した。著書に『検察の正義』（ちくま新書）、『「法令遵守」が日本を滅ぼす』（新潮新書）など。

青年市長《せいねんしちょう》は"司法《しほう》の闇《やみ》"と闘《たたか》った
美濃加茂市長事件《みのかもしちょうじけん》における驚愕《きょうがく》の展開《てんかい》

2017年12月８日　初版発行

著者／郷原信郎《ごうはらのぶお》

発行者／郡司 聡

発行／株式会社KADOKAWA
〒102-8177　東京都千代田区富士見2-13-3
電話 0570-002-301（ナビダイヤル）

印刷・製本／大日本印刷株式会社

KADOKAWAカスタマーサポート
［電話］0570-002-301（土日祝日を除く11時～17時）
［WEB］http://www.kadokawa.co.jp/（「お問い合わせ」へお進みください）
※製造不良品につきましては上記窓口にて承ります。
※記述・収録内容を超えるご質問にはお答えできない場合があります。
※サポートは日本国内に限らせていただきます。

定価はカバーに表示してあります。

ISBN 978-4-04-105813-8　C0095